Dados Internacionais de Catalogação na Publicação (CIP)

Sueli Costa CRB-8/5213

Vendramini, Ailton Fabiano

　Client logy / Ailton Fabiano Vendramini. - Campinas: Edição do autor, 2020.　　8.778 Kb

　　Formato: ePUB
　　ISBN: 978-65-00-06781-1

　　1. Administração 2. Vendas 3. Gestão de negócios 4. Estratégias empresariais e pessoais 5. Empreendedorismo 6. Marketing 7. Market share.
I. Título.　　　　　　　CDD-658.85

Índices para catálogo sistemático:

1. Administração de vendas 658.85

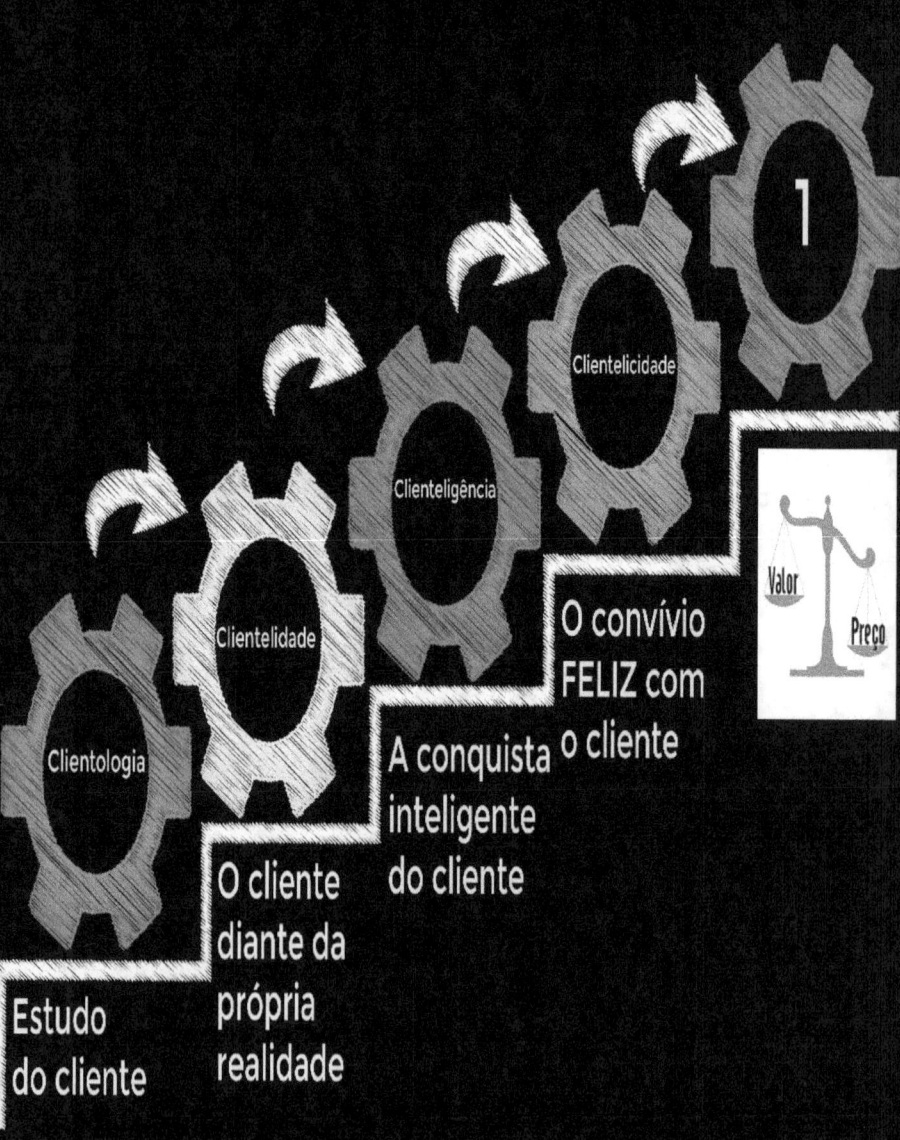

Boas Vindas!

Olá, Seja Muito Bem-vindo. Olá, Seja Muito Bem-Vinda. E, muito obrigado por estar aqui.

Vamos começar do fim para o começo.
Suponha, caro leitor, que você já leu as instruções contidas nesse e-book. Terminou a leitura. E, daí?

As expectativas são 4:

1. Você saberá quais são os passos e obstáculos que terá que superar para ser bem-sucedido ou bem-sucedida como profissional em sua área de atuação.

2. Você saberá quais são os passos e obstáculos que terá que superar para que sua empresa seja bem-sucedida.

3. Você terá em mãos uma bússola que estará sempre apontando para esse Norte com boas probabilidades de sucesso.

4. Você precisará competir (nada é perfeito)

O que esperar desse e-book?

Desenvolvemos um Guia para Estratégias Empresariais e Pessoais:

Objetivo:

1. Fornecer conceitos e receituário para que as empresas cresçam em vendas e margem nos períodos de turbulências.

2. Fornecer conceitos e receituário para que os colaboradores cresçam nos períodos de turbulências.

3. Traçar uma estrutura, um mapa estratégico para a conquista desses crescimentos.

Público Alvo: CEO´s, Presidentes, Proprietários, Diretores, Gerentes e profissionais da área comercial.

Apresentação Pessoal.

Iniciei profissionalmente no ano de 1975, trabalhei no Brasil e no exterior até meados da década de 80 como empreendedor corporativo e de lá para cá como empreendedor e com assessoria empresarial.

Formação: Engenharia Elétrica pela FAAP- 1979, MBA´s na FGV. E, o mais importante, continuo estudando.

Dedicatória;

Dedico o e-book "CLIENT logy" ao movimento inteligente.

Movimentos;

Como podemos executar movimentos inteligentes?

A dica é: Mantendo-se sentado sobre o caixa da empresa, analisando e desconstruindo o passado, inventando o futuro no presente. E, tendo um "Por quê" definido.

A pandemia do Corona vírus nos mostrou o quão importantes é termos um bom caixa. As empresas viram seus faturamentos indo para o ralo e seus balanços se colorirem de vermelho. Neste caso os CEO's saíram caçando dinheiro através de renegociações, reduzindo gastos, diminuindo turnos ou fechando fábricas.

Tempos difíceis acontecem, portanto, possuir recursos financeiros extras se faz necessário até para manter as empresas respirando. Assim, CEO's aprenderam a valorizar o caixa juntamente com o EBIT (lucro antes dos juros e impostos).

É possível padronizar os tópicos que o CFO (Chief Financial Officer – Diretor financeiro. É aquele que é responsável pelas finanças da empresa e controla as metas financeiras) irá mostrar e demonstrar nas reuniões, assim sugerimos a padronização de suas apresentações focada em gastos relacionados com pessoas, governança e processos.

Os movimentos que devemos fazer hoje diferem dos movimentos do passado, onde o lucro atropelava qualquer outro propósito ou causa. Hoje, as sociedades estão se tornando mais consciente e o lucro deve ser obtido, no entanto, não a qualquer preço. O lucro não deve ser colocado à frente do ser humano, novos valores despontam no horizonte. Como surfar essa onda? Como rever e alinhar os valores dos "stakeholders"?

A grande sacada que está florindo aos nossos olhos é; estamos progredindo, estamos crescendo como comunidade ou não? Ou seja, a miopia, a visão curta de ganharmos ou não dinheiro com uma determinada ação estreita não irá se sustentar no longo prazo. É preciso pensar grande! Para entender onde chegamos basta ver as lacunas que formamos entre as classes sociais (é imoral, indecente, escandaloso) e verificar os problemas relativos à segurança que aqueles que conseguiram ganhar muito dinheiro estão enfrentando. Ou seja, as políticas sociais devem ser muito mais inclusivas.

O que temos feito para "ganhar dinheiro" é roubá-lo de nosso futuro, vai faltar lá na frente, é preciso uma visão holística. Nesse aspecto os investimentos em P&D se tornam o tendão de Aquiles, e as empresas de pequeno e médio porte que não podem investir em Pesquisa & Desenvolvimento devem obrigatoriamente ser "ajudadas" pelos governos. Não se trata de caridade ou recursos a fundo perdido, e sim de investimentos com cobranças e contra partidas. Em outras palavras precisamos de tecnologia sustentável e de lucro ao mesmo tempo, somente o lucro sem sustentabilidade iremos destruir o planeta. Portanto, a visão de longo prazo se faz necessária. Essas ações deverão gerar o ganha-ganha.

O futuro está disfarçado no presente em pequenas mudanças que poucos de nós podemos ou sabemos enxergar. Portanto, é preciso se movimentar na direção correta. Esse é o segredo!

Suponha que você ou sua empresa conseguiram detectar os sinais fracos enviados pelo futuro, se não aproveitarmos é como se não tivéssemos enxergado, se enxergamos e agimos, então, precisamos de uma estratégia. Um modelo com os passos que devemos seguir, é aqui que iremos ofertar-lhe ou discriminar esses degraus.

Lá na frente, esses sinais fracos se transformarão em grandes tendências consolidadas que somente uns poucos afortunados saberão aproveitar. E, aí, quando as transformações se sedimentam a competição é sangrenta.

Atualmente nos deparamos com alguns sinais que o futuro nos envia, tudo nos indica, por exemplo, que estamos diante de uma mudança do capitalismo, uma mudança comportamental gestada pelas novas gerações, uma mudança direcionada para o consumo consciente e sustentável. E aí? O que faremos?

Algo que observei nas minhas atividades como empreendedor é a concorrência desleal entre temas numa pequena e média empresa. Explico; você está ali direcionando a reunião sobre o que faremos no futuro, tendências, solicitando opiniões construtivas etc. e bruscamente é interrompido por um telefonema, um cliente que adentra pela porta da reunião, um caso urgente que surge etc. Esse fato é relativamente comum em empresas que não ganharam determinada musculatura, nessas empresas discute-se o almoço, e se iremos jantar já será um tema distante que se perde no emaranhado do dia a dia.

Esse é um gargalo quando o tema é estratégia, sabemos que a estratégia depende de como arranjamos nosso portifólio e como atacamos o mercado, no entanto, na prática, normalmente seguimos com ele sem grandes mudanças, imutável, até que o mercado nos dê um cartão vermelho. Aí, Estamos Fora! É duro fechar um negócio, mas é mais comum do que pensamos.

O equilíbrio entre o portifólio, a estratégia e o time de frente (vendedores) são fundamentais. Na prática, exigimos vendas para cobrir custos, despesas, perdas e deixamos equivocadamente para um segundo plano o portifólio e a definição da estratégia. É comum você se encontrar com um CEO e ele disparar: "Precisamos Vender "X" Esse Ano, Esse é o Nosso Problema!" No entanto, ele não se dispõe a discutir o portifólio, esse tema para ele é secundário quando na verdade é essencial. O portifólio é algo vivo que deve sofrer mutações o tempo todo.

Os movimentos mercadológicos têm nos mostrado que uma empresa que acertou o passo com o mercado num determinado ano poderá estar fora dele anos à frente. Então, o lucro que apurou num período poderá ir para o ralo em pouco tempo.

Ou, ela poderá se movimentar erroneamente e pagar seu preço, ou pior, poderá não se movimentar, nesse caso pagará seu preço com certeza.

Os mercados quando encolhem destroem a margem das empresas líderes, não há muito o que fazer. Suponha que o consumo de gasolina seja diminuído durante a pandemia, uma vez que as pessoas devem ficar sem se locomover, o que ocorrerá com a Petrobrás? No entanto, suponha que um feirante que vende verduras tivesse as feiras públicas suspensas para se evitar aglomerações, o faturamento dele também cairia? Depende, ele poderia partir para o "delivery" as pessoas mesmo enclausuradas precisam comer. Ou seja, será mais fácil movimentar um feirante (um pequeno negócio) do que uma Petrobrás (um grande negócio).

A abordagem e o estudo da estratégia a ser implementada não desconsidera o dia a dia das empresas, ele é igualmente importante. O dia a dia se refere a assuntos que precisam ser resolvidos no curto prazo, enquanto a estratégia sobe uma oitava na escala e busca olhar para o direcionamento da empresa e das pessoas. No entanto, pequenos passos aparentemente insignificantes no dia a dia, na direção errada pode nos custar uma fatura insuportável no futuro.

Vejamos, se os governantes, as universidades, as empresas e as organizações que representam diversos segmentos da sociedade não se movimentarem para evitar o aquecimento global, o capital investido em nossas empresas estará sob alto risco, sem considerar é claro os milhões de vidas que serão sacrificadas se a política adotada não contemplar a variável mudança climática. Assim, a redução de emissão de carbono aponta para o longo prazo e para mercados que provavelmente não conseguimos enxergar ou mesmo explorar atualmente.

Vale mencionar que os "stakeholders" conscientes buscam lucratividade sustentável, assim, os resultados de curto prazo são cobrados diariamente dos CEO´s, no entanto, alguns estudos demonstram que estratégias de longo prazo bem definidas são as que melhor remuneram os acionistas.

Por fim, se o leitor estiver interessado em 3 passos para ficar milionário será mais aconselhável partir para um livro de Auto Ajuda, ali, os conceitos são pragmáticos e caso a sorte não lhe sorria a resposta é sempre a mesma: Você não seguiu os passos corretamente ou não se esforçou adequadamente.

Em outras palavras não há uma bala de prata, os mercados estão complexos demais para resolvermos essa parada com um único tiro. Competir não é para qualquer um.

Então, o que faremos? Não daremos nenhum tiro? Sim e Não, daremos um tiro, uma pedrada ali, uma flechada acolá e nossas chances de abater a caça será incrementada para o campo das altas possibilidades. É justamente isso o que faremos aqui!

Portanto, de posse das nossas alavancas (cada empresa saberá quais as possui) devemos fazer nossas proposições.

Iremos discriminar as alavancas e o leitor irá eleger quais delas irá atacar e como fará suas proposições.

Podemos recordar o que é proposição (lá da lógica racional)! A proposição para ser uma proposição deve ser filtrada e passar por três filtros, a saber; 1. Deve ser declarativa, ou seja, devemos declarar o que iremos executar. 2. Deve ter um sujeito e um predicado explícito, muito bem identificados. 3. Deve ser possível de ser julgada.

Poderemos, após implantar uma estratégia concluir que a proposição se mostrou falsa, no entanto, esse é o risco, faz parte da lógica.

Agora, observe, se sabemos quais são as variáveis que devemos acionar, nossas chances de implantar uma proposição verdadeira aumentam muito. E, isso significa crescimento dentro do nosso mercado ou mesmo crescimento pessoal.

O contrário é verdadeiro, se não temos proposições definidas nossas chances de sucesso diminuem muito.

Esse e-book pretende explorar justamente esse quadro de variáveis que nos conduzam ao incremento das possibilidades de sucesso, sem garantir que elas virão, mas ousando dizer que se não temos um plano, elas não serão materializadas.

Velocidade dos Movimentos;

O quão urgente é se movimentar? Observemos a geração nascida nos anos 30 e 40 do século passado. A pessoa tinha lá um negócio, se aposentava e morria administrando o mesmo negócio. Por quê? Porque as coisas eram previsíveis, mudavam muito pouco, tanto para o bem como para o mal.

Com a tecnologia dos anos 90 para cá, essas mudanças começaram a se acelerar. No entanto, em paralelo com as mudanças ocorreu algo inédito, as incertezas aumentaram muito. Os governantes decidem temas estratégicos no dia a dia, é praticamente impossível para analistas descobrirem tendências, pelo menos aqui no Ocidente.

Portanto, o pensar no longo prazo para os dirigentes de empresas não é uma questão de se iremos ou não pensar, é uma questão de precisamos pensar. Pensar o que? Pensar cenários em crises e como sair delas. Outras virão.

Esse pensar exige a visão de longo prazo e exige alternativas para os ventos que sopram de frente.

É isso e isso! Não há discussão, as incertezas aumentam e por consequência as exigências sobre o que podemos ou fazer aumentam. Assim será necessário:

a. Que o governo brasileiro ajude as pequenas e médias empresas na área de Pesquisa & Desenvolvimento, já que essas não possuem capital para tal.
b. Que as grandes empresas invistam pesado em P&D para chegarem a soluções que agregam valor ao contratante de forma mais rápida e eficiente.
c. É preciso proteger o caixa da empresa, em outras palavras o nosso negócio deve ser protegido de novos entrantes através da melhoria da nossa própria eficiência. Como podemos melhorar nossos processos? É preciso revê-los periodicamente!
d. É preciso investir em nichos cujas probabilidades de sucesso são altas.
e. É preciso ter um plano para o pós-crise, como sair lá na frente?
f. Sabemos quais são os talentos da organização que não podemos perder, os "Golden Boys", esses devem ser mantidos.
g. O propósito ou a causa da empresa deve estar cristalino para todos. E, deve ser divulgado constantemente.
h. As funções devem ser bem definidas. Cada um deve saber o instrumento que toca na banda. Ao mesmo tempo o time deve ser flexível possibilitando o trabalho por projetos, por missão.
i. O poder dos colaboradores deve ser inteligentemente distribuído. E para tal, sob supervisão de dirigentes, deve-se deixar os subordinados competentes voarem mais alto.

j. O papel do cliente na nossa organização deve ser central, estudado e estressado. Precisamos considerar suas necessidades mutantes.
k. É recomendável implementar projetos pilotos para não causar ruídos desnecessários na organização. Aprova-se ou reprova-se e, expande-se ou elimina-se.
l. A boa comunicação interna e externa é fundamental nos novos tempos, evita-se dubiedade de informações.
m. O plano deve ser simples, onde estamos e, onde queremos chegar.

Competir;

O mundo moderno se torna mais competitivo a cada dia. E, não importa qual dessas três pessoas abaixo mirando o assento da cadeira irá sentar-se, se perguntadas, todas responderão: "Eu."

Será? A matemática nos prova que a probabilidade de cada uma se sentar nessa cadeira é de 33,33 %.

No entanto, no mercado aquele que estiver melhor preparado não possui a garantia que irá se sentar, mas suas probabilidades serão maiores. Ou seja, serão superiores a 33,33%. Onde você escolherá estar? O que faremos aqui é aumentar essas probabilidades.

Uma pessoa mais esbelta, provavelmente será mais ágil, uma pessoa mais inteligente caminhará mais próximo da cadeira, uma pessoa...etc.

Devo confessar que competir é duríssimo, sabemos disso. As frustrações por contratos perdidos, reprovações em testes e simplesmente ser sacado fora do jogo, é algo que dói, e muitas vezes é inesquecível. Assim, se você souber o que deseja, siga o seu caminho, independentemente dos ventos contrários.

Muitos livros ensinam as qualidades que um dirigente deve ter, no entanto, como cada líder irá conseguir bons resultados varia de liderança para liderança. Ou seja, você poderá saber todas as piadas engraçadas de um comediante famoso, mas se não possui o "estilo" dele não fará sucesso. O que funciona para um líder pode não funcionar para outro. Fundamente e crie o seu estilo.

Vale mencionar que as empresas passam por diferentes fases e consequentemente irá exigir diferentes estilos de liderança para superar essas fases. Resta saber se os dirigentes estão capacitados a mudar quando necessário.

Quer competir?

-Não, então, peça seu reembolso.
-Sim, então, vamos juntos nessa caminhada.

Estratégias;

Então, o que devemos fazer? É preciso construir e implantar estratégias vencedoras!

Como?

A máxima que usaremos aqui é: Se sabemos o "por quê" iremos transpor os "Como´s" faremos, e os "O que´s" faremos.

Muito provavelmente não será uma tarefa simples, pois, mudanças geralmente não são bem-vindas, implicam em mexer em uma série de variáveis e nem todos na empresa estarão dispostos a mudar o "status quo".

Além disso, na apresentação da nova estratégia será relativamente fácil miná-la, já que a empresa precisa de caixa, precisa faturar e o ganha pão do dia a dia está naquilo que o atual time está executando. Essas pessoas ali estão lidando com o dia a dia, e não há nada de errado com isso até que a empresa seja sucumbida pela concorrência.

Um exemplo prático são as livrarias antigas oferecendo "perfumarias" para bem atender seu cliente e de repente se deparam com a Amazon reestruturando todo o setor. Tarde demais para se recuperar. Sim, é verdade, o mercado irá se acomodar num outro patamar, mas muito sangue terá rolado pelo caminho.

No futuro não muito distante a visão estreita dos dirigentes atuais em não dar ouvidos às estratégias terá como contraponto a IA – Inteligência Artificial que poderá manusear milhões de dados em tempos impossíveis de serem feitos por técnicos humanos e fará emergir dessa montanha estratégias com probabilidades mais assertivas.

Nesse início de século XXI não raro o CEO faz impor sua vontade, gera calor na estrutura e impõe mudanças sem a cumplicidade daqueles que se reportam a ele. É comum essa diretoria concordar com o CEO na reunião e ao sair da sala pronunicar a frase fatídica: "Isso não vai dar certo."

No final do século XXI a mesa do "board" das empresas terá um lugar à mesa para uma máquina inteligente que obrigatóriamente será consultada para decisões estratégicas. E, o CEO perderá espaço, mas até lá...

É preciso treinar! Um atleta que pratica sua rotina diariamente durante horas, no dia da competição poderá até cair da barra, no entanto, a performance dele estará totalmente atrelada aos treinos.

No nosso caso como um atleta dedicado a competir no mercado, treinar é fundamental. E só se treina, executando algo, é aí que perceberemos os detalhes para não cair da barra na próxima tentativa.

A CLIENTOLOGIA lhe dará a rotina de treinos, será um guia, mas será preciso praticar.

Movimentando-se;

Então, o que fazer para executar o movimento ou movimentos inteligentes?

O fato de nos movimentarmos não nos garante a vitória, devemos considerar que elas aumentam nossas chances. Então, podemos perder? Sim, podemos!

Em 13/09/2020 tivemos a decisão final masculina do USOPEN, venceu Dominic Thiem contra Alexander Zverev. Zverev venceu os dois primeiros "sets" e perdeu os três seguintes. Portanto, perder fará parte de nosso aprendizado, faz parte da vida, o pulo do gato é o que faremos após uma derrota?

Zverev abandonará o tênis? Depende! Agora, se ele possui muito claro em sua mente o "Por Quê", e esse "Por Quê" seja algo como se tornar o número 1 do mundo, essa partida foi somente uma aprendizagem. Fácil de falar, fácil de escrever, difícil de se colocar em prática.

É assim, nós precisamos e nossa empresa precisa definir o "Por Quê" faz o que faz. Se não acreditamos nessa pedra fundamental, então, facilmente pularemos para outro galho e viveremos assim, pulando.

O problema da derrota é que ela nos desmotiva, então, é preciso trabalhar ainda mais forte para superá-la. Zverev perdeu, depois de estar 2 "sets" à frente. Como encarar o próximo desafio sem uma preparação mental muito forte? Assim, é preciso jogar ponto a ponto, o que passou, passou, ou, deixou ensinamentos, mas a cada ponto é preciso lutar desde o início, a cada venda é preciso se preparar novamente.

Perder uma venda, perder um contrato, desde que você tenha se empenhado, é algo que nunca mais se esquece. No entanto, a próxima venda deve ter um gatilho que nos indique que iremos superar nosso desempenho quando perdemos o contrato. Crie esse gatilho internamente, e dispare-o quando você estiver na arena da negociação.

Provavelmente Zverev sabe quem ele é, conhece suas capacidades e movimentos que precisam ser melhorados, e onde ele deseja chegar em sua carreira de tenista. Simples? Nem tanto, quantos de nós podemos responder essas questões com convicção? Faça uma pausa aqui, tente, é uma excelente oportunidade para refletir.

Regressão à Média;

Vamos tratar de "regressão à média" praticada por pessoas e de forte influência nas empresas! Tema brilhantemente explorado no livro Rápido e Devagar - Duas Formas de Pensar, Thinking, Fast and Slow (em inglês), publicado em 2011 por Daniel Kahneman resumindo pesquisas realizadas com o seu parceiro já falecido Amos Tverstky sobre a compreensão comportamental.

Em linhas gerais no que tange a "regressão à média" podemos comprovar que as pessoas possuem um determinado desempenho médio para uma determinada atividade, seja ela qual for. Portanto, é relativamente fácil classificar o desempenho de um elemento "qualquer" numa situação selecionada.

Pensemos num jogador de futebol, podemos medir seu desempenho numa temporada através de passes certos, assistências, gols feitos, tempo de permanência em campo etc. esses cálculos classificarão esse atleta dentro de um determinado "ranking" em comparação a outros atletas. Suponha que a média de gols por partida na temporada desse mesmo atleta seja de 0,8 gols, ou seja, ele precisa de mais de uma partida para fazer um único gol em média.

Agora, suponha que numa determinada partida ele faça 5 gols, ou seja, ele atingiu um patamar $5/0,8 = 6,25$ vezes superior à sua própria média. Qual é a conclusão? Esse atleta é o "cara"? Ele estava endiabrado, na próxima partida ele fará no mínimo 4 gols? Devemos recompensá-lo financeiramente por esse feito?

Vamos fazer um comparativo com nossos colaboradores, suponha que calculemos a média de vendas de um determinado vendedor escolhido aleatoriamente dentro do nosso time de vendas, e essa média seja de 1000 peças por mês (só um exemplo), no entanto, num determinado mês esse mesmo vendedor vendeu sozinho 10.000 peças no mês, e aí? Qual a conclusão? Esse é o "cara"? Ele estava endiabrado, no próximo mês ele fechará um mínimo 6.000 peças? Devemos recompensá-lo financeiramente por esse feito?

O que Kahneman e Amos nos provou e depois outros estudiosos comprovaram a mesma tese é que esse atleta ou esse vendedor voltarão para o seu padrão médio de gols ou de vendas. Não houve nada de excepcional no feito desses elementos, a matemática prova que há uma inércia natural para que eles voltem para suas médias históricas e conclui-se que os feitos obtidos foram fruto de uma série de fatores que combinados resultaram em números excepcionais, pura obra do acaso. A matemática explica os pontos fora da curva, nos dois extremos, é a sorte ou o azar.

Então esse atleta sempre voltará à sua média? Depende. O segredo para melhorar o desempenho está em elevar a média. Esse é o pulo do gato. Como? Através de treinamentos e trabalhos em campo, elevando a média as chances na obtenção de melhores resultados melhorarão.

Outro exemplo empresarial interessante está relacionado com a gestão de pessoas, suponha que um de seus funcionários faça num determinado assunto uma "besteira", você vai lá e lhe faz um sermão e observa que no próximo episódio esse fulano melhorou. Quem foi o responsável por essa melhora? O sermão? Não.

Cálculos matemáticos demonstram que seu funcionário não melhorou por causa do sermão, simplesmente retornou à sua média histórica, e a bronca não ofereceu nenhuma valia consistente, embora "pareça" que as coisas melhoraram. Portanto, é comum escutarmos do CEO, chamei todos e fiz um sermão, agora, as coisas estão melhorando. Ledo engano ou engano alegre (tradução do Latim).

Assim, podemos concluir que a recompensa para fatos excepcionais isolados pouco ou nenhum benefício trará para as cias.

É lógico que existem diversos fatores para um desempenho excepcional, por exemplo, técnicas que um vendedor estuda e desenvolve constantemente, a sua própria saúde, o bom humor, o conhecimento de seu mercado, o próprio mercado, a política etc. mas existe aquele componente "sorte" ou aleatório que ocorre, ele estava no lugar certo, no momento certo, com a pessoa certa.

Alguns autores sugerem que analisemos os grandes acontecimentos de nossas vidas e que façamos a pergunta: por que "raios" aquilo deu certo? Veremos que foram muitas as variáveis, e por algumas razões conseguimos aproveitar. Ou seja, se alguém concretizou um ato excepcional não implica concluir que o fará novamente. E, pior, depois que o fato estiver concretizado jorram explicações do tipo: Eu sabia que isso ocorreria porque blá, blá, blá.... só baboseiras.

O que os colaboradores devem fazer é, nomear as competências que influenciam no seu dia a dia empresarial, dar uma nota, obter uma média, e comparar com o período anterior verificando se sua média está melhorando ou está estacionada. Quantos farão isso? Poucos, muito poucos! Infelizmente.

Um outro exercício para validar sua própria performance é verificar o seu passado, estamos em 2020, o que você realizou de memorável em 2019, 2018 e 2017, se não se recordar, cuidado, você poderá ser descartado numa mudança de ventos.

Quando saímos do ambiente empresarial e dissecamos o Brasil a conclusão é similar, as médias se repetem desde o final da década de 80 e continuamos observando países antes subdesenvolvidos estarem muito a nossa frente, no entanto, preferimos colocar atenção na "mulher mexerica" e nos divertir, estamos mantendo a nossa baixa média.

A Fórmula

Obviamente temos a fórmula que "servirá" para qualquer tipo de negócio nesse início de século. No entanto, adaptações e aprofundamentos dos pilares propostos aqui se farão necessários dependendo de cada negócio. Assim, caberá ao leitor decidir quais ações deverá tomar, vamos explicitar todas elas, mas sugerimos que algo entre 4 e 6 ações sejam implantadas de saída. A escolha é sua! Explicitaremos diversas ações, no entanto, trabalhamos forte em CLIENT logy II para irmos aprofundando cada vez mais essas ações conforme novas situações mercadológicas se apresentam, sem mudar a estrutura aqui proposta.

Por que não sugerimos que todas as possibilidades aqui discriminadas sejam implantadas? Porque acreditamos que o esforço será demasiado grande para a empresa ou para o profissional absorvê-las. É como nosso cérebro, ele entende algo, mas precisa treinar esse algo para passar adiante, e só faz isso quando o estágio anterior está sedimentado. Então, em quais ações deve-se trabalhar? Naquelas que causam maior impacto na empresa ou na sua carreira.

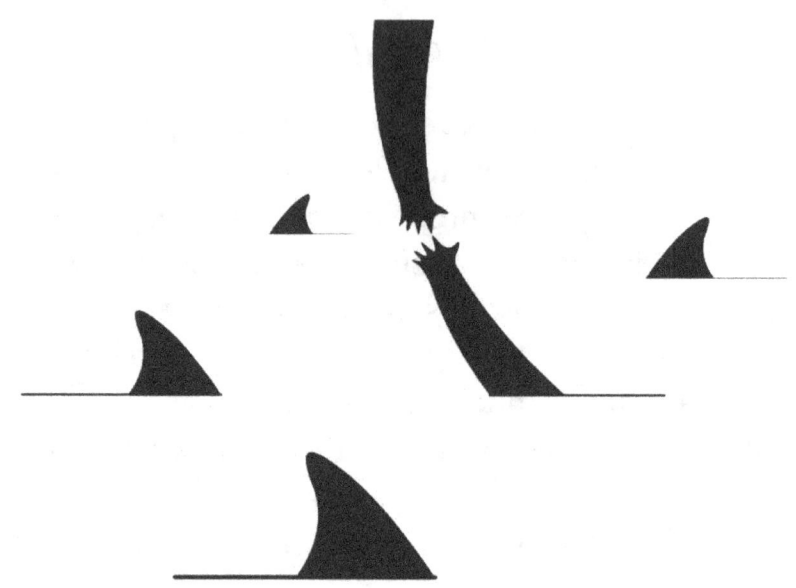

Vamos retornar ao conceito de análise combinatória.

A Ordem não é importante	Combinação
A Ordem é importante	Arranjo

Aqui teremos um problema típico de Arranjo, ou seja, a ordem dos fatores é importante. O que você fará, ou o que sua empresa fará deverá seguir uma certa ordem que você irá decidir com base nas suas condições e possibilidades.

As possibilidades serão muitas, pois, como nos lembramos da análise combinatória, o valor do Arranjo será sempre superior ao valor da Combinação.

Arranjo de n elementos p a p = $A_{n,p} = n! / (n-p)!$

P = são nossas variáveis, ou alavancas a serem acionadas. N = números de alavancas aqui propostas.

(Combinação Cn,p = n! / (p!). (n – p)! // na Combinação a ordem não é importante, exemplo, se jogamos na megasena e escolhemos 6 números, não importa a ordem que esses números irão sair, se acertamos as 6 dezenas seremos premiados, não é nosso caso aqui.)

No Arranjo é como se dissemos, se você inverter um único número de seu cartão de crédito, isso será importante, ou se você inverter um único número da placa de seu veículo, isso será importante, ou se você inverter um único número de sua senha bancária, isso será importante. Portanto, a ordem como iremos (ou você) acionar as alavancas que iremos lhe propor importa e faz diferença no resultado pessoal ou da empresa.

No entanto, a escolha é sua. Exemplo, suponha que a alavanca M&A (Mergers & Aquisitions) foi eleita como uma alavanca importante para que a empresa cresça, então, faremos o M&A ou trabalharemos em outras alavancas para depois perseguir o M&A?

O seu brilhantismo ou o brilhantismo de sua empresa estará justamente na escolha dessas alavancas que serão acionadas. Ou seja, a determinação das prioridades.

Vamos encarar as diretrizes dessas possibilidades.

Diretrizes Macro.

1. **CLIENTOLOGIA:**
O que é a CLIENTOLOGIA? É o estudo do cliente, também denominado aqui de CLIENT logy. Para atingir objetivos é preciso estudar e entender nosso cliente, ou potencial cliente.
Ele é a base, alguns dirão que eles não sabem o que precisam, não importa, são eles que pagam a conta no final do dia. Portanto, precisamos que os clientes comprem nossos produtos e tenham a percepção que estejam satisfeitos, ou encantados como queiram.

2. **CLIENTELIDADE:**
Nesse primeiro passo temos o cliente diante da realidade dele e iremos construir a razão da nossa existência. Em outras palavras, definimos o "por quê" fazemos o que fazemos. Observamos que o dia a dia dos líderes são permeados de decisões, umas pequenas outras de alto impacto na organização. Entendendo a CLIENTELIDADE definimos pontos basilares, assim, decisões que se sobreporem a esses pilares deverão necessariamente estar alinhadas com os propósitos sobre os quais a empresa foi construída.

Algumas empresas possuem causa em vez de propósito, nesse caso o foco é ainda mais específico e profundo.

Observamos que em tempos de calmaria a importância do propósito ou causa são esmaecidas, pois, mudanças mercadológicas não ocorrem com frequência. Esses tempos parecem se vão longe no passado, a constância deverá ser as mudanças.

Decisões podem ser tomadas na direção correta, no entanto, se mal comunicadas ao time deverá/poderá causar ruídos evitáveis.

3. CLIENTELIGÊNCIA:

É capacitar o time e encontrar a solução mais adequada para conquistar mercado, ou seja, como iremos fazer o que nos propusemos a fazer de maneira mais assertiva na CLIENTELIDADE.

A CLIENTELIGÊNCIA trata da abordagem do seu cliente interno ou externo com inteligência.

O nosso time precisa necessariamente comprar a estratégia, e embaixo do pijama de cada um deveremos encontrar uma camiseta com os dizeres de nosso propósito ou melhor ainda, os dizeres de nossa causa se for possível.

Esse propósito/causa será a linha condutora da organização e não necessariamente estará escrito numa ID – Instrução de Diretoria, no entanto, estará ali, indelével, cravada na alma de cada membro da equipe.

E só há uma maneira de conseguirmos melhorar nosso desempenho, praticando e jogando jogos cada vez mais difíceis.

Vejamos o futebol de 40 anos atrás, como os atletas treinavam e como treinam hoje! Há muita diferença, então, mesmo para treinar é preciso saber como se adaptar aos novos tempos! Nossos movimentos devem ser corrigidos, repetidos, aprimorados.

4. **CLIENTELICIDADE**:
   Trata de fazer com que seu cliente "perceba" que está feliz e "perceba" que está satisfeito com a solução recebida, e esteja disposto a pagar por ela. Aqui construímos a estrutura macro da solução.

5. **CONCLUSÃO:**
   Com base nas nossas três engrenagens tecemos diversas conclusões incluindo algo sobre macroeconomia. É importante frisar que o leitor (profissional) deve fazer parte das soluções aqui propostas. Não explicitamos ou defendemos a otimização das partes e sim, a otimização das partes "E" a otimização do todo.

6. **ARTIGOS, VÍDEOS E COMENTÁRIOS:**
   Recomendamos algumas leituras complementares e vídeos alinhados com o guia abordado acima. Optamos por propor referências "free of charge".

Término da Leitura

Quando terminei de escrever e reler esse e-book pensei em como deveria ser a sua leitura de um dirigente considerando que dirigentes não possuem tempo. Ou seja, como colocá-lo em prática rapidamente.

O e-book parte de conceitos concisos, expande, expande, expande, e depois termina com um modelo conciso. A sugestão, então, para os dirigentes é:

1. Ler o e-book rapidamente (esponjar), o material adicional como artigos e vídeos ficam em segundo plano caso haja curiosidades a serem aprofundadas numa outra oportunidade.

2. Depois de lido, apresentar todos os tópicos para o time (2 horas) indo diretamente para Exercício Mapa Estratégico 2a

3. O time juntamente com o aval dos dirigentes deve decidir quais tópicos serão atacados, priorizados, alavancados. A participação do time é fundamental. Veja, se o time concorda, então, está dada a largada, estamos todos juntos. E, após definidos os tópicos não iremos atacar todos, será preciso escolher alguns e focar esforços tanto de pessoal como financeiros nesses pontos. Ou seja, não aconselhamos atacar todos os tópicos de saída.

4. Detalhar os tópicos escolhidos. Quem faz o que e quando? Quem recebe os recursos e quando? Aqui, sim, podemos retornar ao texto, verificar se os comentários procedem para o negócio em análise e aí adaptá-lo convenientemente.

5. É preciso que o dirigente saiba contar histórias, já sabemos que muita informação não prende a atenção dos ouvintes e muito menos os convencemos a colocar em prática uma nova metodologia. No fundo somos crianças tentando aprender algo, e lá de nossa infância aprendemos que víamos algo que nos era mostrado juntamente com uma historinha, e BINGO! Ali se depositava nosso total interesse. Nossos dirigentes precisam aplicar esse método secular, obter a curiosidade da equipe e mostrar o caminho. Alguns autores denominam esse método de "show-and-tell". Esse "show" mostra a beleza do resultado, e o "tell" o que será preciso fazer para obtê-lo, em outras palavras os dirigentes vendem a resolução de problemas. Imagine um mágico que faz uma determinada mágica para nós, e depois se dispõe a revelar o segredo. Quem prestaria atenção? Muitos.

6. Agora, é dar o 1º passo para implantar as inciativas aprovadas. (ou suspender, ou modificar, vai depender do andamento e dos resultados colhidos nos primeiros passos da implantação).

7. Discutir avanços e retrocessos em reunião mensal. Os tópicos não abordados devem estar ali, mesmo que não sejam abordados, motivo: é para ter a noção de todo o projeto. Mantenha a mesma ata, se possível em WORD, sem pirotecnia, sem "Power Point". O Power Point reproduz uma belezura, mas é pouco prático, as pessoas saem dali e esquecem.

Antes de cada reunião envie a pauta da ata, assim, evitamos surpresas e as pessoas se preparam para participar.

O ideal é enviar a pauta numa quinta-feira e até a MMM – Monday Morning Meeting todos devem estar preparados.

Índice

01 CLIENTOLOGIA..58
02 CLIENTELIDADE..63

Pilar 1 - O foco...65
Tendências 67
Geografia Importa. 70
Novos Rumos Importam. 77
Tailwin Importa. 83
Dados Importam. 87

Pilar 2 - A política...91

Pilar 3 - O diferencial..94
Tamanho Importa. 113
R&D 115
M&A 120
Gastos Importam..126
Juros sobre Capital Importam. 131
O Time Importa 138

Exercício p/ aquecimento...141

Pilar 4 – os 4 por quês..145
1º Por quê (o seu por quê)..146
2º Por quê (o por quê da sua empresa) 155
3º Por quê (o por quê do líder) 161
4º Por quê (o por quê do cliente)...............................169
Não basta comprar! 171

Exercício Decida-se 173

03 CLIENTELIGÊNCIA 176
- Pilar 1 - Persona 178
- Pilar 2 – Histórias 179
  - Histórias para Clientes Internos e Externos 179
- Pilar 3 – Humor 183
- Pilar 4 – Empolgue positivamente o seu cliente 185
- Pilar 5 - Experiências multissensoriais 191
- Pilar 6 – Observação 192
- Pilar 7 – Abordagem estruturada 193
- Pilar 8 – Seja cirúrgico 194
- Pilar 9 – Negocie 195
  - "gatilho" 197
  - "pich" 198
  - "warm up" 199
  - Fatiamento 201
- Pilar 10 – Monitoramento 204
  - Churn Rate 206
  - Reuniões 208
  - Comendo pelas Beiradas 210
- Pilar 11 – Inove 212
  - Inovação Aberta. 219
  - Produtividade 221
    - Auto Atendimento 228
    - Lean 229

Seis Sigmas 230
5S 231
Scrum 233
Vendas 234
Learning Machine 238
Distribuição dos Recursos / Portifólio 239

Exercício 1 De >> Para >> Onde Estamos 244
Exercício 2 Pilares da Clienteligência na vida real 245

04 CLIENTELICIDADE 246

Pilar 1 – Alvo 248
Budget 251
1º Passo 251

Pilar 2 – Presente 253
Pilar 3 – Organização interna 255
Recursos Operacionais 259

Pilar 4 – A recompensa 262
Pre-Mortem 264
Exercício Deu Errado! 265

05 CONCLUSÃO 266

Geral 267
A pandemia 272
Exercício Mapa Estratégico 1 321
Exercício Mapa Estratégico 2 326
Vamos aos ajustes! 327

Exercício Mapa Estratégico 2a 334
06 – ARTIGOS, VÍDEOS E COMENTÁRIO 340
ARTIGOS 341
- B2B OU B2C? 341
- Reflexões sobre o Covid-19, A porta de saída: 341
- IkiGAI – receita para você descobrir o seu Por quê! 341
- O PIB; 342
- O PIB versus FIB – felicidade interna bruta; 342
- E, agora, José? 342
- CCC 342

VÍDEOS 343
- Rádio Brasil 22/11/2019 – Programa "Visão Geral" – CLIENTOLOGIA! 343
- Rádio Wolf – 02/10/2019 – Inovação - 343

COMENTÁRIOS 344
- Dados Estatísticos. 344
  - A Inflação; 345
  - O PIB; 352
  - O PIB potencial, ... 354
  - A FBCF, ... 355
- Arquétipos 356
- MMM´s 359

01 CLIENTOLOGIA

*CLIENT logy =
Estudo do Cliente =
CLIENTOLOGIA = Estudo do Cliente =*

Mapa estratégico para conquistar mercados e crescer profissionalmente.

Propomos neste documento um passo a passo para a execução de um mapa estratégico. Assim, com essa estruturação competiremos e venceremos juntos em nossos respectivos mercados. Essa abordagem será feita através de 3 engrenagens. Terminada a montagem das 3 engrenagens os focos serão os ajustes finos em consonância com o mercado que o leitor atua!

O mercado exigirá a lubrificação de um elo aqui outro acolá e seguiremos sem ruídos. Faz parte do SHOW! Segue esquemático das 3 engrenagens.

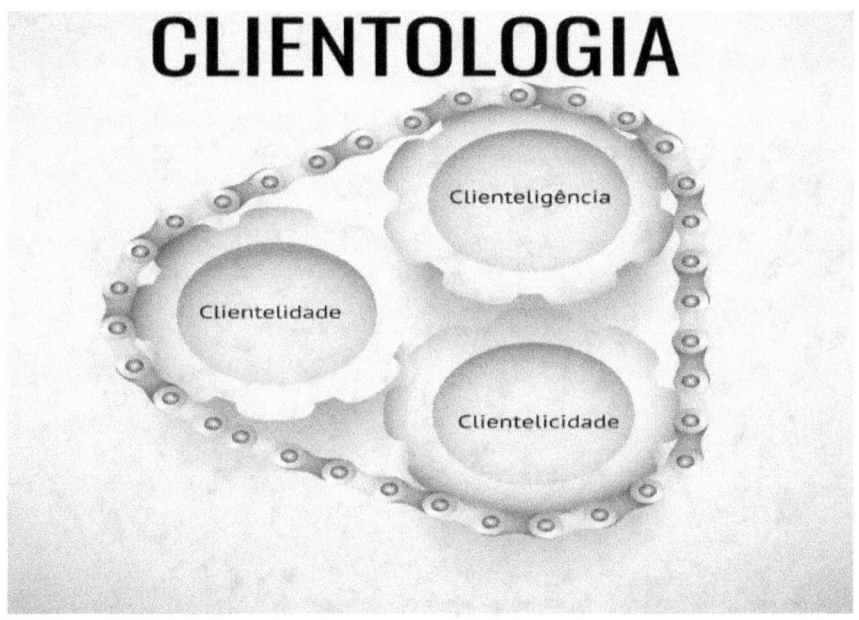

A CLIENTOLOGIA é uma metodologia desenvolvida nesses 40 anos de estrada para que as empresas e os colaboradores tenham sucesso em suas trajetórias.

A CLIENTOLOGIA, é o estudo do cliente, se divide em 03 engrenagens; a CLIENTELIDADE, a CLIENTELIGÊNCIA e a CLIENTELICIDADE.

Nessa ordem obrigatória. Depois de percorrido o caminho pela 1ª vez, não será necessário seguir essa ordem.

Vamos ver cada uma delas a seguir, é tranquilo.

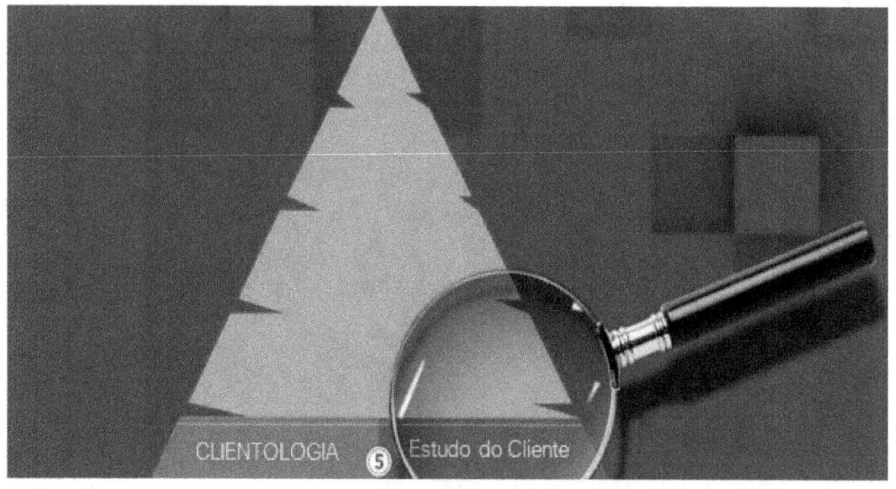

Vale mencionar que a estratégia a ser definida por uma empresa deve ser simples, no entanto, as coisas simples podem ser fáceis ou difíceis. Diríamos que uma estratégia simples é difícil de ser implantada. É assim. Por quê? Porque as variáveis são muitas, é preciso saber onde iremos atuar. É preciso priorizar o que será feito.

Por exemplo, podemos definir nossa estratégia de maneira simples, queremos receber "x" pontos porcentuais além do custo do capital. Simples, assim! Aí começamos a desenrolar esse novelo de lã e a tarefa se mostra árdua.

No entanto, se não temos uma estratégia podemos até ser benficiados com ventos de cauda e sermos empurrados para nosso objetivo, mas não é o que vemos na prática, é preciso ter uma estratégia.

Conhecer o cliente, saber o que ele deseja e como seu posicionamento varia é fundamental para vencermos no mercado.

02 CLIENTELIDADE

A CLIENTELIDADE é a análise do cliente diante da realidade dele. Aqui não nos esqueçamos que existem 2 tipos de clientes, o cliente interno e o cliente externo. Se estamos tratando com o nosso par, ele é um cliente interno. Se estamos tratando com alguém que irá nos pagar, esse é um cliente externo.

Um paletó não veste bem para qualquer cliente. E, mais, se somos diferentes, por que o mesmo discurso se encaixará para qualquer potencial cliente? Esse deve ser o 1º conceito que um comercial deve praticar.

A CLIENTELIDADE executa essa análise em 4 pilares;

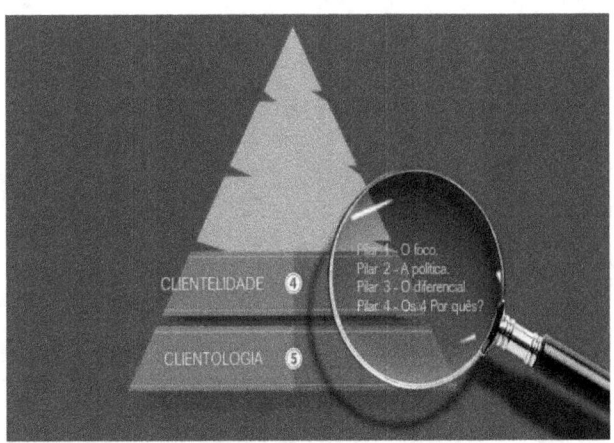

Pilar 1 - O foco

Não se trata de saber qual é o seu foco ou o foco da sua empresa e sim qual é o foco do seu cliente. Trata-se de praticar a empatia, passar para o lado dele e olhar a situação atual com os olhos dele.

Para tal é fundamental saber praticar a "escutatória" e a "perguntatória" e depois chegar as seguintes conclusões: "ahhhh...entendi o que ele está querendo". Ou, "ahhhh..entendi o que ele está precisando". Ou, "ahhhh..entendi o que ele irá precisar". Apliquemos o conceito de Alteridade (Jean-Jacques Rousseau), escutando o interlocutor, entenderemos e seremos afetados por ele! Saber perguntar é uma arte poderosíssima.

Esse entendimento, essa empatia, poderá nos conduzir a responder: Não, ao nosso interlocutor. Mas, dito de maneira ética e lógica deverá ser aceito por ele.

A "perguntatória" embute obviamente a construção de perguntas inteligentes e doses de ousadia.

Obviamente que o time comercial fará perguntas de sorte que possa identificar o que o cliente ou potencial cliente realmente necessita.

A "perguntatória" também será muito útil para ousarmos, seja na alocação de recursos, seja na criação de um novo produto ou um novo serviço. As respostas com certeza não estarão todas prontas, mas se não perguntarmos elas não irão despertar.

Tendências

Enxergar tendências é uma arte, e depois que outras empresas rumaram num determinado sentido é fácil acompanhar a manada. Aqueles que saíram na frente nem sempre se beneficiam por serem pioneiros, o mercado precisará validar esse pioneirismo, isso poderá levar anos.

Algumas grandes empresas adotam estratégias interessantes para se manter na vanguarda, o que fazem? Elas são líderes, então, para serem seguidas divulgam suas estratégias tão logo a começam colocar em prática. Por quê? Porque os seguidores concluirão: Ahh, se o líder segue nessa direção, então, essa é a direção correta. Portanto, se der certo o líder continuará sendo líder, se der errado todos perderão e o líder continuará sendo líder.

O futuro costuma estar presente no presente, mas não de maneira tão óbvia, saber enxergar essas tendências é um misto de arte, conhecimento, capacidade de investimento em P&D, poder de influência para mover o mercado, e sorte.

Vejamos os "mobiles" atuais, em 2020 qual será a vida útil de mobile com a tecnologia atual? Quais recursos consegue-se colocar dentro desses aparelhinhos de sorte a, ainda, encantar os clientes? A resposta com certeza será: Poucos. Então, qual a tendência para esse mercado? Mudar de plataforma é claro. Mas, qual? Aí entram, o conhecimento, a capacidade de investimento em P&D, o poder de influência dos líderes, a arte que será gerada para esse encantamento e algumas variáveis que não conseguiremos prever e podemos denominar simplesmente de "sorte". Então, um desses gigantes poderá estar optando hoje por "mobiles" que proporcionam serviços em 3D, se mercado se encantar todo o restante será lixo e esses pioneiros farão os melhores lucros. Os pioneiros nem sempre serão os vencedores, lembremos que o Google não foi o primeiro buscador da Internet, nem mesmo estava entre os dez primeiros!

Outra tendência que se observa é o controle remoto de processos, se houver possibilidades que seus produtos ou serviços sejam monitorados e mesmo desvios de funcionalidades sejam corrigidos a distância, então essa será uma boa aposta.

Geografia Importa.

O mundo sempre foi assimétrico, ou seja, os países possuem diferentes níveis de crescimento, e dentro dos países existem regiões também com diferentes níveis de crescimento.

As empresas devem saber o "Por quê" existem, mas também devem saber onde devem atuar para serem compensadas por essa existência.

Nós podemos apreciar o movimento do capital global atualmente se movimentando como num tabuleiro de xadrez em busca dos melhores rendimentos.

Todavia, o tema aqui são basicamente as empresas e por tal, vou citar um exemplo particular. Todos nós sabemos que São Paulo possui o maior parque industrial da América do Sul, então, dependendo do segmento que sua empresa irá atual essa variável deverá ser considerada. O problema é que como brasileiros comuns estamos presos numa bolha, muitos nem mesmo sentem a necessidade de falar inglês, é como se vivêssemos um Big Brother.

Vou relatar a minha história. Estamos na década de 80 e a empresa para a qual eu trabalhava, digamos A, fez um Merger com uma outra grande empresa, digamos B, à época eu era responsável por um setor dedicado à América do Sul, constava em meu escopo todos os países exceto Brasil. Por que não Brasil? Porque o Brasil já possuía uma estrutura madura nessa área de negócios e os demais países, não.

A empresa com a qual nos juntamos B era muito fraca na região, eu diria que a relação à época era de 1:10, ou seja, para cada 10 negócios de A tínhamos 1 negócio realizado por B.

Dentro da nossa linha de visão (miopia) havia sinais claros para que o novo "board" tomasse a seguinte decisão: América do Sul ficará sob responsabilidade da empresa A, nós não tínhamos nenhuma dúvida sobre isso, e aconteceu justamente o oposto.

Fomos todos direcionados a responder para os poucos funcionários da empresa B na região, mesmo eles sendo em números muito menores.

Como consequência a empresa teve um desempenho medíocre na região e nós por anos condenamos essa decisão.

Hoje, passados quase 40 anos fica claro que a decisão foi acertada. Por quê? Porque a América do Sul mostrou-se ser um continente mal governado com políticas partidárias míopes que geraram um desenvolvimento muito aquém das áreas mais produtivas do planeta.

O que o "board" fez à época foi, deslocar as melhores cabeças para a Ásia e deixar a América do Sul respirando. A empresa A ficou com a Ásia. Quanto a empresa cresceu na Ásia e quanto a empresa cresceu na América do Sul? Incomparável.

Conclusão, a visão dos dirigentes sobre onde e quando atuar faz diferença entre ter ou não lucro. Extrapolando para o cenário brasileiro, supondo que uma empresa local não possua a chance de escolher entre Ásia e América do Sul, ainda assim, terá a chance de escolher entre investir no segmento x ou y.

Ao segmentar clientes e potenciais clientes podemos criar planilhas e classificá-los de sorte que tenhamos mais chances de obter sucesso em nossas vendas. Exemplo, alguém dúvida que o agronegócio é fértil e deve crescer no Brasil? Como nossa empresa poderá atender esse mercado?

O Brasil é um país que não conseguiu enxergar as mudanças mundiais quando elas começaram acontecer, perdemos o bonde. Todavia, estamos aqui exportando commodities, a saber, petróleo, grãos e minério de ferro. Esses segmentos, embora, básicos e de baixa complexidade são os carros chefe. Aqui os números são importantes e podem render alguns trocados para as empresas que os atendem.

Obviamente a política industrial brasileira está longe de ter sido definida ou ter um plano profissional (2020), não há uma tendência nesse sentido, mas poderia ou deveria haver, nesse caso nossos movimentos enquanto indústria deveriam se movimentar para novos campos. Quais? Não é uma resposta simples depende de uma política de governo e de consultas às cabeças pensantes sobre o tema, de qualquer maneira, é relativamente simples concluir que a.) o país deveria caminhar para uma produção mais valiosa com forte participação da ciência e técnicas inovadoras, a tecnologia é a ordem do dia. b.) temos um laboratório a céu aberto (Amazônia) a qual poderia ser alvo de complexos bioindustriais com foco na biotecnologia de última geração; imaginemos o que poderia ser desenvolvido em termos de fármacos, suplementos alimentares, cosméticos e outros nichos nessa direção sem destruir a floresta.

Em vez disso, plantamos soja, extraímos minério de ferro, e extraímos petróleo. E, pior acreditamos que esse seja o futuro.

Esses erros são recorrentes na América do Sul, podemos citar o Chile concentrado no cobre, a Argentina na carne e no trigo, a Venezuela no petróleo etc. Até que uma visão mais futurista assuma o leme desses países continuaremos sendo um continente subdesenvolvido. Lembrando que as exportações da China + Índia + Coreia Sul eram inferiores às do Brasil na década de 80.

Portanto, prestemos atenção na nossa posição geográfica e nos segmentos que iremos vender produtos, como costumamos comentar em conversas de bar: se o sr. Bill Gates tivesse iniciado seu império numa garagem, mas no Brasil, há muito tempo já teria fechado suas portas.

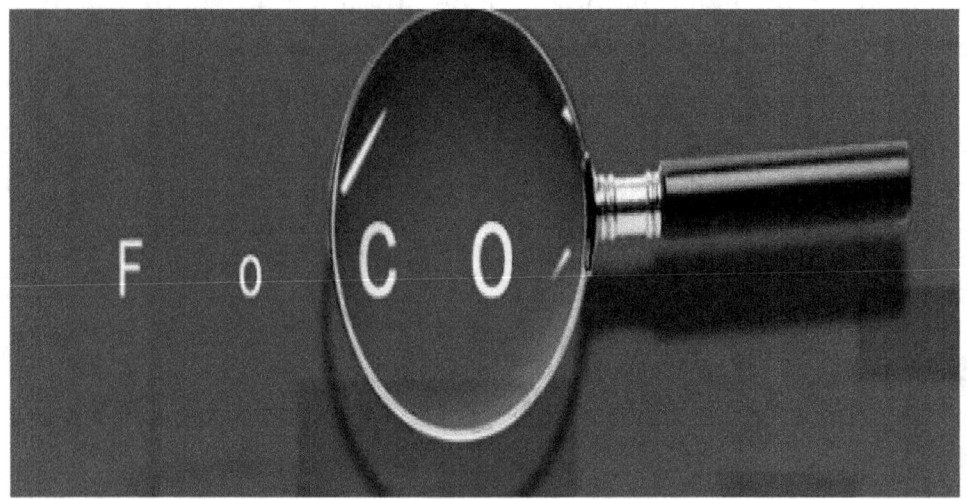

Novos Rumos Importam.

Quando detectamos tendências temos que estar consciente que nem todas as tendências vingarão.

E aqui está o grande nó do problema, primeiro porque aqueles que estão tocando o negócio não darão ouvidos para as novas tendências e a justificativa é clara: Estamos fazendo lucro. Ponto.

Segundo essa nova tendência poderá não ser assimilada pelo mercado, então, qual tendência devemos acompanhar. Sim, porque o lucro gordo estará lá na frente na tendência que conseguiu se consolidar, reconstruir o mercado, explorar pontos que os clientes se tornaram ainda mais satisfeitos. Portanto, a tarefa é duríssima.

Estamos abertos a novos conceitos, a novos rumos? O que pensa o "Board"? Suas cabeças estão oxigenadas?

Uma tendência que podemos colocar no radar do CEO diz respeito as estruturas das organizações, há sinais de mudanças e algumas organizações estão se adaptando. Exemplo: Organização em Hélice.

Em outras palavras as organizações guiadas pela hierarquia parecem perder força no século XXI. Provavelmente a função de RH – Recursos Humanos seja deslocada para uma coordenação mais próxima do colaborador. Enquanto, outra coordenação se dedicará à experiência do cliente e outra coordenação se dedicará ao cumprimento de metas financeiras.

O importante nesses novos modelos é; 1. Cumprir missões sem a interferência de atividades que tirem o foco do colaborador e 2. Esclarecer as funções de tal ordem entre os dois comandos que não haja ruídos, exemplo, "ele me disse para não fazer isso e você está pedindo o contrário". Os escopos devem ser muito claros.

Um problema que as organizações deverão enfrentar, pelo menos as grandes, é o fato de a "Organização Matricial" estar impregnada na alma dos colaboradores e mudanças exigem um novo "mindset". Na prática, começamos com a nova estrutura e por inércia rapidamente retornamos ao estado original que todos já conhecem, as pessoas não mudam com facilidade. Muitas vezes é mais simples a troca dos colaboradores.

O que temos apreciado nesse século é a convergência da ciência e natureza. Muito temos aprendido com a natureza e, a ciência é quem tem esticado esses limites para nós. Conforme descemos nas estruturas da natureza, facilmente iremos nos deparar com o nosso DNA e seu maravilhoso formato em dupla hélice, talvez, esteja aí mais um grande ensinamento de como devemos estruturar nossas empresas e otimizar nossos desempenhos.

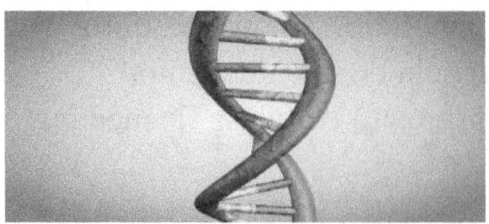

A organização matricial é bastante comum e alguma variação dela é possível encontrar no mercado, no entanto, esse modelo variante possui foco no financeiro e não no crescimento do profissional.

Estamos aprendendo a construir novas organizações. Talvez possamos dizer que os dois líderes de uma organização hélice dividam suas funções em curto prazo e longo prazo, de sorte que não sejam conflitantes. As funções de curto prazo exigem o cumprimento de metas e as de longo prazo agregam valor ao colaborador.

Se debulharmos o tema, talvez, não seja algo tão revolucionário, a não ser pelo fato de ambos os líderes possuírem o mesmo poder de decisão sobre o colaborador e acreditamos, apesar de dois líderes que o colaborador deverá se sentir mais livre já que supomos, ele seja cada vez mais independente e competente.

As cobranças pelo cumprimento de metas tem sido cada vez mais feroz, então, os líderes dedicam 99,99% de seu tempo nessa atividade. Essa abordagem causa um desgaste no relacionamento junto aos colaboradores. No entanto, não podemos dizer que o controle via Hélice seja mais leve. Mas, podemos dizer que deveria haver um equilíbrio entre cobranças e perspectivas. Assim, a organização em Hélice nos parece ganhar um ponto quando promove algo menos mecânico e mais humano. Deixar essa função para o responsável por RH, muito provavelmente não será eficaz. Por quê? O poder do RH é limitado e o mais importante, dependendo do tamanho da organização estará muito distante do potencial do colaborador.

Imagine um líder que se sente ameaçado por seu subordinado, esse colaborador se mostra competente e se crescer tomará o lugar do líder. Muitos líderes cortarão as asas desse colaborador e o boicotará. Essa tarefa é relativamente simples para o líder, pois ele possui acesso a mais informações e administrará por sonegação de informação.

A implantação desse modelo Hélice possui um gargalo que é o perfil do líder que estará com o foco no longo prazo e o outro no curto prazo. Esses líderes deverão saber dosar essas duas frentes. Observamos que encontrar essa liderança com esse perfil deve ser tarefa árdua.

Vamos observar por um instante a visão humana desse profissional que irá agregar valor ao liderado, ele precisa saber para onde caminha o mercado, quais são as qualidades que um colaborador deve demonstrar num mundo incerto, quais são as novas funções exigidas, quais são as novas carreiras e quais são as novas formações exigidas pelo mercado. Se esse líder não tiver a capacidade correta sobre essas mudanças como poderá orientar o colaborador sob seu comando?

Tailwin Importa.

Escrevemos acima sobre "sorte" como uma variável das tendências, sim, ela ocorre. Se, hoje, no Brasil você possui um sólido negócio para a terceira idade tudo indica que receberá um empurrãozinho uma vez que a população está envelhecendo.

O petróleo parece estar recebendo um "headwind", ou seja, a contribuição é negativa e os movimentos mostram-se cada vez mais difíceis. Se os ventos contrários são fortes, por que não mudar de segmento? No caso do Petróleo a mudança tem sido lenta, pois, muitos titãs não estão interessados na mudança brusca e podem fazer valer sua vontade.

No entanto, nosso leitor poderá estar incluído num segmento onde a inovação seja radical, nesse caso os ventos contrários irão exigir esforços monstruosos para se manter voando. Não é uma decisão simples abandonar um mercado, sabemos bem que quando estamos num negócio nos apegamos a ele e as implicações são inúmeras, todavia, considerar a saída pode ser uma saída. Outra possibilidade é se juntar com outras empresas que se encontram nas mesmas condições, assim, otimizaremos custos e melhoraremos desempenho.

No caso das livrarias que sofreram um duro golpe com a inovação radical da Amazon o que vemos hoje, é o surgimento de livrarias de nicho, venda de livros onde a Amazon possui dificuldade para abocanhar o mercado, exemplo, livros de arte. Que tal comprar um livro de arte e mirá-lo através do Kindle?

Mesmo que você não tenha uma indústria, ou não esteja envolvido com o tema, suponha que você possua um filho de 16 anos de idade, observe a importância de orientá-lo sobre as tendências mercadológicas. As profissões também sofrem mudanças constantes.

Suponha duas pessoas com 25 anos um engenheiro, outro cabeleireiro, os dois são brasileiros e nenhum dos dois fala inglês e ambos decidem ir viver na Inglaterra.

Qual desses dois jovens terá maior facilidade para encontrar um trabalho por lá? Posso apostar que o cabelereiro estará empregado em poucas semanas, enquanto o engenheiro estará pensando em retornar ao Brasil.

De qualquer maneira se tivermos indo muito bem no nosso negócio é importante identificar a razão. Se a razão for um vento de cauda, cuidado, ele pode mudar de direção. Se o negócio está indo mal, novamente é preciso saber "por quê", mas esse procedimento é comum. Um exemplo para os negócios irem mal é a política de governo, hoje e a algumas décadas nossos dirigentes não priorizam a industrialização do Brasil.

Dados Importam.

Infelizmente o Brasil é muito pobre em dados, além disso os sites que dispõem alguns bons dados são difíceis de navegar ou pouco amigáveis, inclua aqui os sites do governo.

O fato de sermos pobres em dados não significa que não tenhamos em alguns campos mais índices do que necessitamos. Por exemplo, índices relacionados à inflação.

Aqui, podemos explicar esse fato. O Brasil conviveu com altos índices de inflação por muito tempo. Sabemos que cada morador de um país possui seu próprio índice de inflação, ou seja, se um casal não possui filhos porque eles se interessariam pelos aumentos das mensalidades escolares? Ou um diabético proibido de comer açúcar não terá computado em seu orçamento o aumento do quilo do açúcar.

Pois bem, quando a inflação é muito alta vale a pena destrinchá-la em diversos índices. E, foi justamente isso que o Brasil fez. Temos lá o índice da construção civil, das famílias etc. Ocorre que depois do Plano Real nossa economia se estabilizou, e o que fizemos com todos esses índices? Continuamos emitindo-os e calculando periodicamente. Se compararmos com outros países somos os únicos que cultivam essa jaboticaba até que alguém acorde e diga: Opa, a nossa inflação é 3% ao ano a diferença de um índice para outro está na 2ª casa depois da vírgula, que diferença isso faz?

Contratar empresas que se dedicam à pesquisa de dados pode ser uma opção, mas cuidado, empresas com pouca ou nenhuma estrutura dificilmente fornecerão dados relevantes.

Lá fora há boas empresas que podem nos fornecer dados relevantes sobre o nosso mercado, basta pesquisar. Aqui temos um problema, somos pobres, então, não será nada estranho um relatório com as características que desejamos ultrapassar a casa dos 5 mil dólares, e aí o empresário local dirá a famosa frase: "É muito caro, a gente se vira por aqui."

Obviamente que antes de sair comprando dados é muito bom verificar o que temos dentro de casa. E, podemos nos surpreender.

Empresas multinacionais gozam de situação privilegiada, pois, podem ter um cliente fiel, por exemplo, em Portugal que possui diversas empresas no Brasil, assim, podem fazer uma ponte via Portugal para atingir os níveis que mais lhe interessam no Brasil.

Analisar o banco de dados dos clientes atuais e porque eles se tornaram clientes é um bom começo para conhecer a clientela e entender o que eles valorizam.

Vale dizer que acompanhar um índice isolado, por exemplo: o PIB, não nos deixa confortável para concluir muita coisa. É preciso um apanhado de dados para poder termos uma visão um pouco mais assertiva.

Pilar 2 - A política.
Todos nós somos seres políticos, estamos sempre defendendo ideias. Nesse tópico não estamos sugerindo que o nobre leitor se candidate a um cargo para político profissional. Não!

Sugerimos participar de organizações que defendam seus interesses e/ou os interesses de sua empresa, e aí dependerá do segmento de mercado que queira ou esteja atuando; exemplos; entidades empresariais, clubes de negócios, associações comerciais, Ong´s, movimentos sociais, órgãos de classe etc. As grandes entidades & associações possuem grupos de trabalho dedicados a temas específicos e é possível se encaixar naquele que mais despertar seus interesses sociais e/ou profissionais.

A participação junto a associações irá permitir que escutemos as conquistas e derrotas de nossos pares e possamos avaliar as variáveis que contribuíram para tal desempenho. Além disso, podemos, dependendo da força e organização da associação termos acesso a dados, números, gráficos e informações sobre empresas páreas, ou mesmo de outros países, vejamos, por exemplo, o quanto de informação existe disponível numa entidade como a FIESP – Federação das Indústrias do Estado de São Paulo. Há ali um mundo a ser estudado.

Essas comparações entre nós e os nossos concorrentes, entre nós e outros mercados, entre nosso mercado e o mesmo mercado em outros países, entre nós e outros mercados trarão valiosas informações sobre o que podemos extrair para obter a melhor estratégia vencedora. Empresas multinacionais gozam desse privilégio, num exemplo, como agiu uma determinada empresa matriz na China ou na Espanha diante do COVID-19 antes dele chegar por aqui? Ou seja, podemos aprender com o conhecimento de nossos pares.

Pilar 3 - O diferencial.
Seja um serviço ou um produto ele precisa ter um diferencial. E, mais, o cliente precisa perceber esse diferencial e, mais, ele precisa estar disposto a pagar por esse diferencial, portanto, antes de colocar o bloco na rua para vender, o time comercial deve ter claro qual ou quais são esses diferenciais. Estude. Pratique. Não atropele.

1. O preço baixo é um dos piores diferenciais. É melhor ter um diferencial oneroso do que brigar somente por preço todo o tempo. Algumas empresas se destacam nessa estratégia (low cost), no entanto, não é para principiantes.

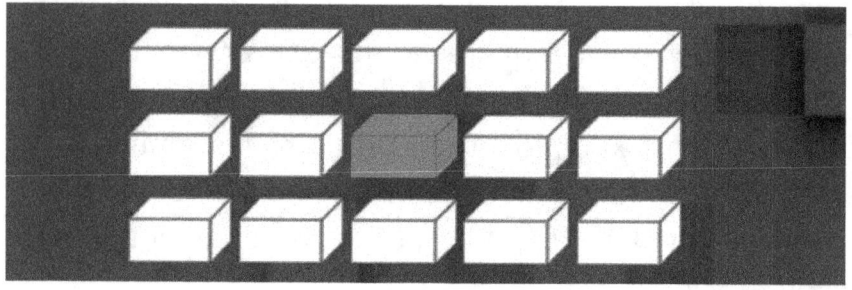

Pilar 3 - O diferencial.

2. Suponha que a 1ª pergunta que um potencial cliente nos faça seja: O que ocorre com o seu produto depois que a vida útil dele termina? Pois é, esse pode ser um diferencial em 2020, mas não será nos próximos anos.

A tendência atual é que o lucro caminhe junto com a responsabilidade social. Os dirigentes que não conseguem enxergar, terão vida curta. Os princípios podem ser estudados através da ESG – Enviromental, Social and Governance. Observemos que não se trata de filantropia, trata-se de responsabilidade, e muitas vezes criminal. O ESG é atualmente medido pelos fabricantes através de KPI´s - Key Performance Indicator (Indicador-chave de Desempenho) conforme lei das S/A´s.

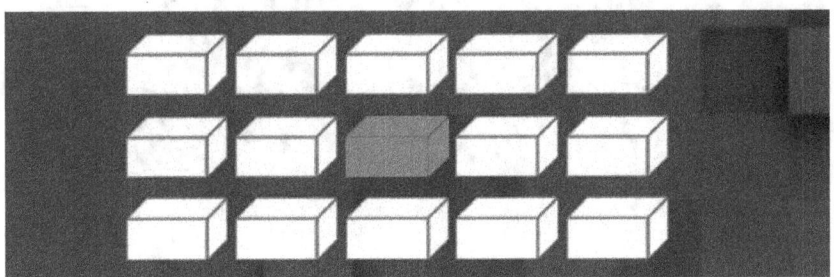

Pilar 3 - O diferencial.

KPI's são índices de desempenho muito utilizados para o gerenciamento de processos.

As empresas limitadas também pegam carona no tema da responsabilidade social respondendo através do código civil.

Vale mencionar que os 17 ODS estão em sintonia com o ESG e recomendamos que cada empresa de musculatura se encaixe em um ou mais ODS. (os 17 ODS foram estipulados pela ONU, são os Objetivos de Desenvolvimento Social).

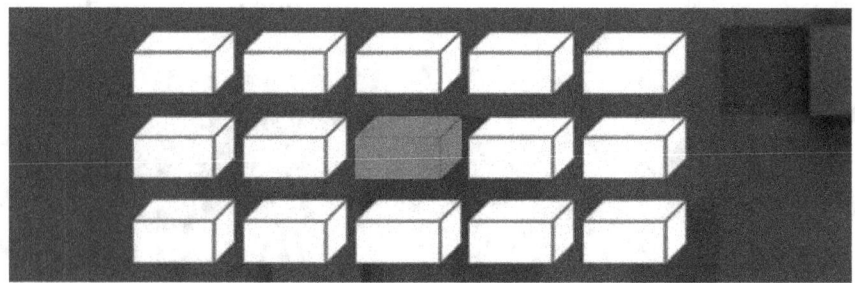

Pilar 3 - O diferencial.

Observamos que não estamos aqui tratando de ações intempestivas, onde o dirigente levanta-se pela manhã e baixa uma norma alinhada com o ESG, e sim, de processos.

Portanto, o CEO inteligente deve mapear os riscos e oportunidades de negócio ao mergulhar nesse novo cenário e com certeza os riscos serão minimizados e os lucros aumentados. Ao final desse documento voltaremos a esse tema sobre como mitigar riscos.

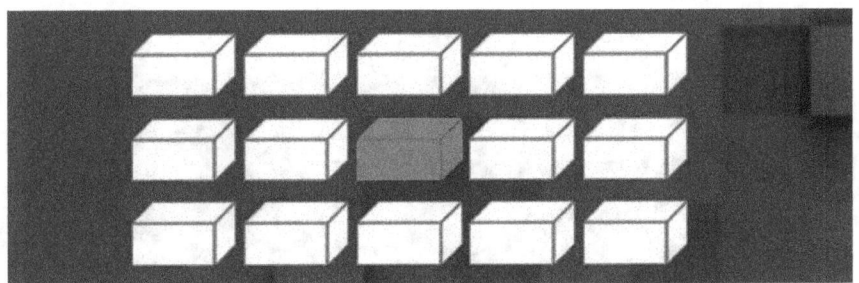

Pilar 3 - O diferencial.

3. O prazo de entrega encurtado pode e normalmente é um diferencial num mundo onde tudo é para ontem. Os clientes exigem cada vez mais rapidez nas respostas, nas entregas, nos serviços. Empresas que conseguem se comprometer e cumprir prazos de entrega competitivos criam vantagens. Os prazos estão relacionados com diversas partes dos processos, exemplos, A.) o prazo para a entrega de uma proposta. B.) o prazo para a entrega de um serviço. C.) o prazo para a entrega de um produto ou equipamento. Normalmente quanto mais rápido entregamos um produto ou serviço menores serão nossos custos.

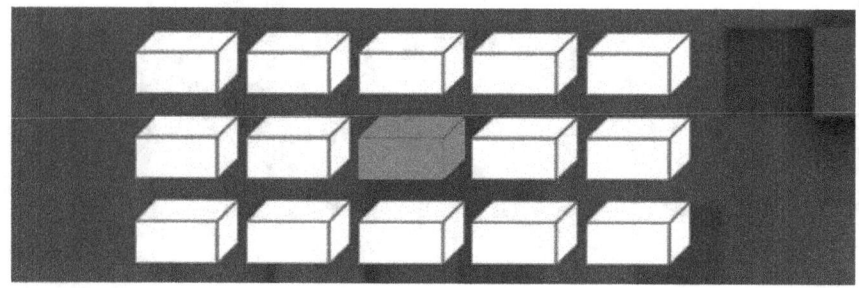

Pilar 3 - O diferencial.

D.) o prazo para cobrar por um serviço – pense que terminamos um almoço entre amigos num restaurante recomendado, as pessoas querem ir embora e a conta não chega, e ali ficamos esperando a tal da conta a ser paga. Quem de nós retornará a esse restaurante, mesmo que a comida tenha sido excelente?

Algumas empresas possuem seus prazos de entrega conectados às ações governamentais, ou seja, dependem de aprovações, licenças, vistorias etc. Essas aprovações podem e normalmente são em níveis municipais, estaduais e/ou federais, portanto, surge o questionamento: como se comprometer com seus clientes com prazos se muitas das variáveis estão em mãos de terceiros?

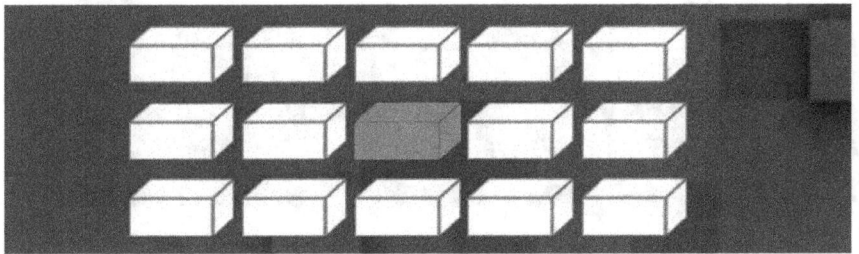

Pilar 3 - O diferencial.

Aqui entram os governos eficazes que se comprometem em devolutivas aprovando ou reprovando as documentações recebidas em tempos pré-estabelecidos em instruções departamentais internas. Assim, o empresário poderá prever quando seus processos serão liberados com um bom grau de certeza.

O diferencial "prazo" é uma variável que se bem explorada em países como o Brasil deve retornar bons lucros, pois, os serviços em geral por aqui são de baixa qualidade e o profissionalismo muito aquém dos países desenvolvidos.

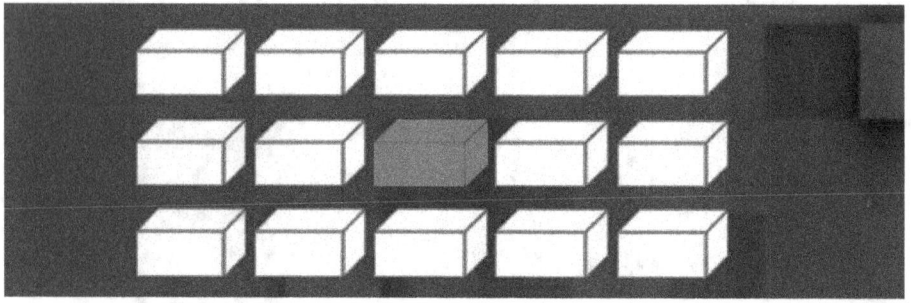

Pilar 3 - O diferencial.

Um exemplo de cumplicidade com o cliente é mantê-lo informado sobre todas as fases do processo desde a compra até a entrega através da disponibilização de um processo digital de rastreabilidade, a confiança mútua fideliza relacionamentos.

4. A empresa deve decidir qual ou quais serão seus diferenciais antes de colocar o time de vendas para vender. As empresas devem buscar diferenciais únicos, assim, podem driblar a concorrência direta por preço. Agora, decidido qual será o diferencial, não há tempo a perder.

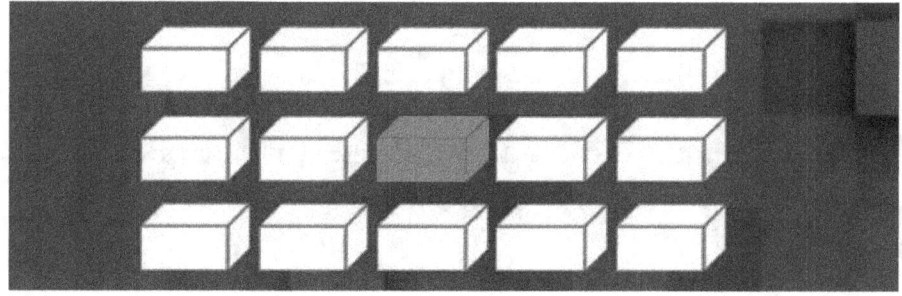

5. Obviamente que a inovação normalmente é um diferencial, no entanto, podemos inovar em três fases distintas, no processo, nas franjas do nosso segmento de mercado, e numa solução radical.

Não preciso mencionar que os maiores "players" do mercado inovaram de forma radical em seus respectivos segmentos, e que a maioria dos mortais ficam ali na linha de segurança, inovam um pouquinho aqui, outra coisinha ali e seguem esperando que isso lhes traga ganhos muito acima do mercado. É aquela história de fazer sempre as mesmas coisas e esperar por resultados diferenciados. Pouco Lógico!

Atualmente a indústria nacional assiste a "Indústria 4.0" açambarcando os mercados através da conectividade. Por quê? Porque elas já descobriram que seus lucros aumentam. Simples, assim!

A conectividade entre as máquinas e a logística tem colocado algumas empresas a frente de seus concorrentes. Toda a conexão Iot (internet das coisas) está arrastando alguns países para patamares cada vez mais distantes dos países como o Brasil. Salários baixos já deixaram de ser fator de competitividade há algum tempo. A situação é ainda mais eficaz diante de uma pandemia onde as pessoas devem se manter seguramente afastadas.

Algumas empresas se vangloriam quando seus produtos saem de suas fabricas com códigos de rastreabilidade, enquanto outras rastreiam seus produtos via remota sem interferência humana. Quem será que chegará primeiro nessa corrida.

Não enxergamos como negligenciar a digitalização, o monitoramento e em muitos casos a manutenção de sistemas e máquinas remotamente.

Imagine a flexibilidade, a precisão, o aumento da produtividade, a não necessidade de mão de obra se expondo a riscos para a saúde etc.

Ou seja, essa é a nova regra no mundo desenvolvido. Por tal um americano do Norte recebe 5 vezes mais que um brasileiro.

Hoje assistimos as brigas dos cachorros grandes sobre a tecnologia 5G, essa tecnologia associada a aplicativos dos mais variados permitirão que sistemas isolados sejam conectados entre si apontando para um futuro que está muito próximo, e está sendo moldado nesse presente.

Máquinas em diferentes sítios podem ter seus respectivos desempenhos comparáveis, desde consumo de energia, passando por performance e auto manutenção. Por tal, a importância de plataformas que possam suportar todas essas conectividades. Além dessas vantagens, essas máquinas serão otimizadas e por tal agredirão muito menos o meio ambiente (menor emissão de CO_2).

O Brasil continua com foco em temas que se distanciam da indústria 4.0. O parque industrial está com cerca de 20 anos e principalmente as pequenas e médias empresas, alvo de desprezo do governo brasileiro caminham para a morte anunciada. Por quê? Porque não haverá como competir com empresas que entregam produtos melhores e mais baratos.

O fato de sermos pobres e termos máquinas ultrapassadas não implica dizer que elas devem ser substituídas, não há verba para tal. No entanto, políticas de "retrofits" se fazem necessários para que essas velhas máquinas peguem uma carona na produtividade e diminuam a necessidade de manutenção até que possamos adquirir ou fabricar algo de acordo com o estado da arte.

6.A resposta rápida pode e normalmente é um diferencial. Recentemente contratei uma empresa especializada em limpeza de ar condicionado. Havia feito uma cotação, acertado as condições comerciais e definido a data do serviço. Houve um atraso na chegada do pessoal, mas, ok, até o horário do almoço eles chagaram.

Depois de algum tempo o encarregado me disse:

-Esses aparelhos não vencem resfriar o ar porque o ambiente possui muitos vidros transparentes, seria necessário colocar insulfilm.

Respondi: - É, pode ser uma ideia interessante, você conhece alguma empresa?

- O senhor deseja fazer um teste?

-Sim, por que não?

Em 40 minutos estava lá o sujeito com um book de amostras de insulfilm, dezenas, escolhi um, determinei um vidro e em 10 minutos o trabalho estava terminado. O preço não era baixo, pensei em retirar para não parecer esteticamente estranho, visto de fora, somente uma janela com insulfilm.

Conclusão, o sujeito passou ali mais 2 dias e completou todo o trabalho.

7.Assets;

Escolhemos a palavra em inglês "assets" para esse pilar, pois, ela possui pelo menos dois significados que nos interessam e que conduzem empresas a criarem diferenciais.

O primeiro deles e o que vem normalmente a nossa mente é a tradução para ativos, obviamente que as empresas que possuem ativos robustos criam barreiras de para novos entrantes, o que se torna um diferencial. Exemplo, suponha que desenvolvamos um algoritmo para busca na internet mais robusto que o Google, imagine quanto de capital investido o Google possui em "assets" e o quanto difícil para nós seria competir contra eles!

Abaixo a nomenclatura de um balanço empresarial com cabeçalhos em inglês.

BALANCE SHEET
#REF!
#REF!

ASSETS		LIABILITIES & EQUITY	
Current Assets:		**Current Liabilities:**	
Cash at Hand	0.00	Accounts Payable	0.00
Cash at Bank	0.00	Sales Taxes Payable	0.00
Accounts Receivable	0.00	Payroll Taxes Paya	0.00
Less: Reserve for Bad D	0.00	Income Taxes Payable	0.00
Stock	0.00	Accrued Wages Payable	0.00
Prepaid Expenses	0.00	Unearned Revenues	0.00
Notes Receivable	0.00	Bank Overdraft	0.00
		Short-Term Loan P	0.00
Total Current Ass	**0.00**	*Total Current Liab*	**0.00**
Fixed Assets:		**Long-Term Liabili**	
Vehicles	0.00	Long-term Bank Loans Payal	0.00
Less: Accumula	0.00	Mortgage Payable	0.00
Furniture and Fixtures	0.00	*Total Long-Term L*	**0.00**
Less: Accumulated Depr	0.00		
Equipment	0.00	**Total Liabilities**	**0.00**
Less: Accumula	0.00		
Buildings	0.00		
Less: Accumula	0.00	**Capital & Reserves**	
Land	0.00	Capital	0.00
Total Fixed Asse	**0.00**	Add: Net Profit	0.00
		Less: Drawings	0.00
Other Assets:		*Net Capital*	**0.00**
Goodwill	0.00		
Total Oth	**0.00**		
Total Assets	**0.00**	**Total Liabilities and Equity**	**0.00**

O outro uso da palavra "assets" igualmente nos dará um diferencial. O sentido figurativo é quando a palavra adquire ou assume um valor ampliado de seu significado e dependerá de seu contexto, ou seja, aqui nos interessa esse valor ampliado de "assets".

Então, podemos ter um time com desempenho acima da média o que trará bons resultados para a empresa. Trata-se, agora, de um "assets" muito difícil de ser imitado, o primeiro "assets" referiu-se a recursos financeiros que de alguma maneira poderia ser obtido, exemplo, ajuda governamental, o segundo "assets" exigiria a formação de um time de primeira linha que na maioria das vezes é conseguido com a sabedoria de seus dirigentes.

Então, podemos fabricar algo, mas o conhecimento detalhado de como fazer, a geração de patentes, a técnica apurada aplicada aos processos, a reputação que o time faz colar na marca resulta em vendas e dificilmente pode ser imitado.

8.Diferencial Tendencioso;

Há um erro comum praticado pelas pessoas normais que é acreditar que seus produtos e serviços são diferenciados. Portanto, para dirimir esse viés recomendamos que os clientes sejam consultados. Será que o cliente realmente percebe esse diferencial, ou ele nos coloca na vala comum.

Muito provavelmente se perguntarmos para os membros de nossa equipe quais são os nossos diferenciais, será que nossos clientes reconhecem essa diferenciação? Normalmente a opinião dos clientes difere em muito da nossa opinião ou da opinião dos membros de nosso time.

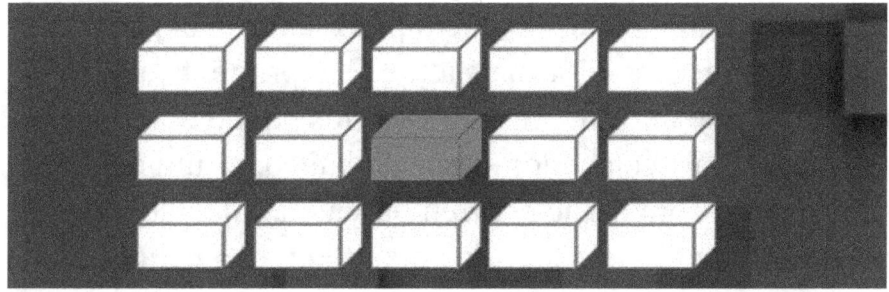

9.Profit, ou lucro. Todo o texto acima pode ser muito simpático, no entanto, alguns dirigentes irão insistir sobre o lucro. Mostre-me o lucro! Pois é, a maioria das empresas trabalham e não encontram o lucro, quando não raro se deparam com prejuízos. Mas, o lucro existe, é verdade, é para poucos. Mas, ele está lá, entender o mercado, os movimentos que ele está fazendo, satisfazer desejos latentes, ganhar um espaço na carteira do consumidor, estar à frente das tendências, renderá lucros muito acima da média. No entanto, se o barco da grande maioria das empresas está fazendo água, a prioridade mostra-se claramente, ou seja: Não podemos afundar, outras mudanças serão postergadas.

Por tal, muitos autores recomendam que estejamos sempre monitorando nossos concorrentes, no entanto, isso não significa dizer que devemos fazer o que eles estão fazendo, ou imitar seus movimentos. Significa aprimorar e se instalar num nicho onde ele não tenha enxergado, prestar um serviço difícil de ser imitado, aí estará o lucro mais substancioso.

Vejamos essas grandes cadeias de supermercados com preços agressivos, e aquela velha e boa lojinha de bairro que sobrevive apesar dos preços mais altos. O que o proprietário faz para sobreviver e cobrar um valor mais alto? Cumprimenta as pessoas pelo nome, faz entregas em horários pouco convencionais, conhece os moradores do bairro, se um cliente não está satisfeito com o que ocorreu ou viu na loja, ele na mesma hora toma providências e o deixa feliz, liga para o cliente quando a fruta que o cliente gosta chegou e está fresquinha etc. As grandes cadeias ainda não conseguem competir nesse nível de capilaridade, mas com certeza estão trabalhando para isso.

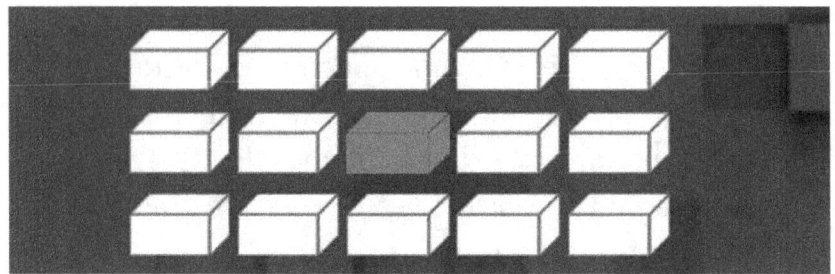

Tamanho Importa.

Aprendemos na infância que "tamanho não é documento" para empresas essa afirmação não é válida.

Empresas de grande porte, com faturamento robusto possuem vantagens comparativas em relação a seus concorrentes menores. Sim, também aprendemos que sobreviverão as empresas mais ágeis e não as maiores. No entanto, se sua empresa é grande ela também pode ser ágil.

Uma das grandes vantagens dos gigantes é o acesso a recursos, podemos ter uma pequena empresa ágil com uma tecnologia ímpar e valorizada pelo cliente, no entanto, facilmente seremos alvos de um gigante que poderá fazer uma oferta irrecusável e abocanhar o nosso negócio. Existem "n" maneiras de uma grande empresa se proteger, vou dar um exemplo pessoal, assinamos um contrato de representação para o Brasil para um produto destinado à construção civil, começamos a fazer muito sucesso quando um de nossos "concorrentes" (se é que podemos denominá-lo concorrente já que era infinitamente maior), foi até a matriz e comprou toda a operação da empresa matriz para a América Latina, esse foi o fim de nosso negócio.

Obviamente ser grande e ter um elevado débito financeiro também é uma desvantagem, presenciamos esse fato durante a pandemia quando as cias aéreas já endividadas sofreram muito e muitas abriram concordata.

Empresas grandes podem se valer de seus números robustos para se manter no topo, mas só essa variável não será suficiente. Ela não está sozinha no mercado.

R&D

Uma vantagem típica do século XXI é a capacidade da empresa em investir em R&D, ou P&D (pesquisa e desenvolvimento). Ou seja, para avançarmos nos degraus mais altos da tecnologia é preciso ter disponível grandes somas de capital, então, grandes grupos normalmente dispõem desses valores o que os coloca sempre um passo à frente daqueles que pouco investem ou não possuem recursos para investir em P&D.

CEO's de empresas de porte devem estar antenados sobre os investimentos em P&D de seus concorrentes, hoje sabemos que quem mais investe possui maior chance de chegar primeiros nas soluções adequadas que o mercado está ávido por consumir. Esses números são importantes e muitas vezes responsáveis pelos movimentos inteligentes do mercado.

Obviamente um dos recursos implícitos aqui é de pessoal altamente capacitado.

Para a indústria em geral podemos classificar nosso atraso em 5 níveis:

Nível 1, é o chão de fábrica (field level), aqui está a produção propriamente dita, local onde se encontram as máquinas. Essas máquinas executam algum tipo de trabalho, na automação ou na indústria I4.0 elas são equipadas com sensores que enviam sinais para que motores, tubulações, temperaturas, movimentos pneumáticos etc. sejam controlados.

Nível 2, estamos no nível de controle, recebemos os inputs dos sensores e controlamos as máquinas, tubulações pneumáticas etc. Esse trabalho é feito por controladores lógicos programável ou CLP, em inglês PLC - programmable logic controller, aqui são automatizadas as funções a serem desempenhadas pelas máquinas, além dos PLC´s desempenharem funções de monitoramento.

Suponha que sua fábrica possua 16 motores, se esses motores partirem todos ao mesmo tempo haverá um pico de corrente naquele instante da partida e o proprietário pagará por esse pico, portanto, é fundamental que esses motores partam com escalonamento adequado, achatando o pico. Os PLC´s farão esses comandos.

Nível 3, aqui está o controle supervisório dos dados coletados. Nesse nível utilizamos o SCADA – Supervisory Control And Data Aquisition, esse estágio permite que possamos controlar funções remotamente. O interessante do SCADA é que ele pode controlar diferentes partes de um processo de um único local. Exemplo, suponha uma rede de distribuição de energia elétrica de uma concessionária controlada por um sistema SCADA de uma única sala de controle identificando faltas e oscilações em todo o seu sistema elétrico abrangendo dezenas de cidades.

Nível 4, trata do nível de planejamento, aqui está o já famoso MES – Manufacturing Execution System controle do processamento desde a matéria prima, passando pela fabricação até a logística. Essa visão permitirá ao proprietário ou dirigentes corrigir desvios que estejam ocorrendo no processo. Esses desvios, muitos deles, vêm da interface com fornecedores e saídas de mercadorias para o mercado.

Nível 5, ERP Enterprise Resource Planning, muito usado no Brasil para funções mais básicas, como o controle de faturamento, vendas, compras etc. através do ERP podemos verificar tudo que ocorre na empresa, sem precisarmos usar planilhas ou anotações. Outras funções complementares do ERP são provenientes da coleta de dados na fabricação, menos comuns nas pequenas e médias empresas brasileiras.

Portanto o diferencial da indústria dos países desenvolvidos em relação a nós está na implantação desses 5 níveis. Alguém aí acredita que simplesmente com mão de obra barata e com baixo nível de escolaridade vamos vencer no mercado mundial? Ou, será mais provável que percamos o mercado nacional para eles?

Recentemente visitei uma empresa de Software, eles utilizam a ferramenta Delphi (uma linguagem de programação, muito utilizada para aplicações em Desktop e cliente/servidor compatível com Banco de Dados conhecidos – dizem que Delphi é inspirado em na cidade da Grécia Delfos onde era possível consultar o oráculo de Delfos), pois bem, eram 12 profissionais incluindo o proprietário.

Imaginemos que minha 1ª pergunta fosse: Qual o porcentual do faturamento vocês investem em R&D? Qual seria a resposta? Suponha que o proprietário fosse educado. É, assim, empresas pequenas e médias possuem uma possibilidade mínima para investir em R&D. Não é factível. Portanto, não será esse o diferencial que eles irão apostar para ganhar mercado.

Suponha um grupo de usinas de açúcar pertencentes a uma única família com cerca de 5.000 colaboradores. Suponha que eu fizesse a mesma pergunta e o CEO fosse educado. Acredito que teríamos um assunto aqui que poderia se desdobrar em outros, e caso ele não investisse em R&D ou fizesse parcerias para tal, estaria incorrendo em falha.

.

M&A

Assistimos desde a década de 80 o movimento M&A (Mergers &Acquisitions = Significa fusão e aquisição de operações entre duas ou mais empresas.

Quando estamos diante de um Merger as empresas se juntam, ou juntam seus patrimônios e passam a operar como uma terceira empresa. No Merger cada empresa entra com 50% no negócio e nasce uma nova empresa, nesses processos após a avaliação dos bens envolvidos normalmente chega-se à conclusão que uma empresa possui mais recursos que outra, nesse caso os acionistas completam o porcentual faltante para os 50% e fecha-se o negócio. Um slide típico dessas apresentações é 1 + 1 > 2.

As empresas deixam de existir individualmente, em tese otimizam suas operações uma vez que não será possível ter 2 presidentes, 2 diretores comerciais, 2 diretores financeiros etc. Além disso o volume de recursos destinados para P&D normalmente será no mínimo duplicado e, portanto, a nova empresa incrementará suas chances de ter acessos a novos produtos e serviços se distanciando de seus concorrentes.

O processo Merger não é simples, é complexo e as forças internas brigarão muito por seu quinhão nessa nova empresa, por tal, é comum dentro desses grandes grupos as pessoas dizerem; "É mais difícil vender uma ideia internamente do que para um novo cliente". A guerra interna é sangrenta, não há "bonzinhos". É preciso ter um bom estômago. Ou seja, somos seres humanos, defendemos com unha e dentes nossos filhos, mesmo que eles sejam uns marginais confesso.

Grandes empresas possuem programas para M&A e com isso dividem o pudim em vez de comer sozinhas a ração.

É verdade que já vimos diversas M&A darem em nada, mas essa tendência não irá terminar pelos temas dos insucessos. É cada vez mais difícil sobreviver sobre as próprias pernas em mercados que exigem investimentos pesadíssimos em termos de recursos e riscos altos.

Existe sempre um ponto ótimo para tudo, beber água faz bem à saúde, beber 10 litros por dia nos levará a problemas de saúde. Com o M&A não é diferente, o que presenciei nessa jornada foram alguns poucos de M&A. Empresas pequenas e médias ao terem seu caixa engordado se aventuram em outros segmentos e na maioria das vezes perdem dinheiro. Muitas dessas ações que vivi eram em segmentos muito distintos, portanto, os processos eram díspares e pouco ou nada aproveitáveis causando um inchaço nas estruturas e uma perda de foco.

Empresas de porte grande que se juntam ou adquirem outras empresas também devem tomar certos cuidados, embora, atuando no mesmo segmento ao adquirir uma grande empresa ela virá com sua cultura e muitas vezes essa cultura não se coaduna com a cultura da empresa adquirente e aí se formarão grupinhos, feudos, que causam grandes ruídos na estrutura. Ou seja, a virtude é o ponto médio entre dois vícios.

O que a história nos tem mostrado é que as empresas que souberam ou sabem executar M&A ou aquisições de maneira sabia tiveram um retorno merecido. Essa prática deve se estender por todo esse século. Portanto, jovens aqui está um bom segmento de mercado para se especializar, ou seja, análise de empresas, balanços e perspectivas de mercado.

Muitas vezes ficamos confusos com certas aquisições, a empresa "x" adquire uma empresa "y" que destoa de seu portifólio, no entanto, uma análise mais apurada poderá nos retornar pontos de tangência muito significativos, exemplo, uma empresa dedicada a fabricação de linguiça entra no mercado de cosméticos. Sim, o colágeno possui como matéria prima a tripa do boi.

Por outro lado, algum leitor poderá citar KT como é conhecido o britânico Richard Charles fundador do Grupo Virgin e multimilionário investindo em música, aviação, biocombustível etc. Essa não seria a nossa orientação, talvez, ele seja a exceção da regra.

Quando colocamos sobre a mesa o tema M&A fica claro que algumas linhas de produção poderão ser desativadas o que deveria refletir em melhora da margem. Esse é o conceito. Algumas vezes esse tema torna-se complexo e irá exigir estudos mais aprofundados.

Suponha dois grandes grupos que executaram um "Merger", ao juntarmos fábricas de grande porte iremos nos deparar com diversos problemas, por exemplo, uma única fábrica será capaz de abocanhar as duas produções, existe uma localização privilegiada de uma das fábricas que nos conduza a esse movimento etc. Laboratórios normalmente são custosos, mudar um laboratório sofisticado de lugar pode tonar a operação inviável, são dezenas de equipamentos conectados entre si, instalações complexas, infra sofisticada, mão de obra altamente qualificada que deverá ser dispor a mudar juntamente com o laboratório etc. Enfim, não se trata de decisão simplista.

Gastos Importam.

O mercado que atuamos fornece dados que podem nos guiar sobre onde estamos com relação a nossos gastos.

As revistas especializadas que emitem anuários sobre as Top 500 e debulham seus resultados, embora, possam estar longe da nossa realidade os índices podem nos ser de grande valia. Por exemplo, custo da mão de obra / faturamento, ou lucro/gastos, ou despesas com capital / capital investido etc. são parâmetros que nos direcionam para saber se estamos no caminho correto ou destoando no mercado.

O que tenho feito com relação a gastos e como computá-los dentro do plano de contas é dividi-lo em três grandes blocos, a saber:

GASTOS = CUSTOS + DESPESAS + PERDAS.

Custos é tudo aquilo que entra na composição do produto ou serviço, exemplo, a energia elétrica na linha de montagem é um custo, a energia elétrica despendida na mesa da recepcionista é uma despesa, e a quebra acidental de uma lâmpada é uma perda.

Com essa fórmula podemos montar todo o nosso Plano de Contas de sorte que facilite nossas decisões quando devemos cortar algo, ou adicionar novos custos.

Os itens devem ser desmembrados em subitens ou contas, vale dizer que iremos separar custos de despesas, assim salários podem estar no grupo dos custos, no entanto, alguns benefícios não exigidos por lei estarão no grupo das despesas.

É preciso, sempre, esquadrinhar os custos, assim, saberemos como e porque estamos executando determinado movimento no sentido de diminuí-lo, ou mesmo aumentá-lo (por exemplo, inaugurando uma nova linha de produção).

Como o que "interessa" é o lucro, então, temos R=Receita e

Lucro = R − (CUSTOS + DESPESAS + PERDAS.)

Uma das maneiras para se baixar o custo é o aumento da produtividade. Há uma piadinha antiga onde dois amigos se encontram no topo de uma árvore e abaixo no pé da arvore um leão faminto. Então; um fala para outro.

-Você me empresta o seu tênis, e o outro responde:

-Empresto, mas do que irá nos adiantar, estamos para cair dessa árvore, aquele leão irá nos devorar e o máximo que iremos conseguir correr será uns 10 metros. E o outro responde:

-Sim, vamos cair, e vamos correr, mas não preciso correr mais rápido que o leão, preciso correr mais rápido do que você.

Assim é nossa referência sobre produtividade, precisamos ser mais produtivos do que o nosso concorrente direto, talvez, não importe o fato de um Americano do Norte ser 5 vezes mais produtivo do que 1 brasileiro.

Escrevemos "talvez", pois, vejamos: A Livraria Cultura disputava clientes com a Fnac na avenida Paulista, dois bons corredores em cima de uma árvore, a Amazon, ou o leão faminto e engoliu ambos.

Um ponto que pouco observamos quanto a produtividade é sobre quais atividades são menos ou mais produtivas. Vejamos uma recepcionista que trabalhe num pequeno escritório de engenharia, será que ela é menos produtiva que uma recepcionista que trabalha numa grande montadora de veículos? Provavelmente, não. Há funções que caso você esteja num país desenvolvido ou subdesenvolvido a produtividade será similar, lá na linha de produção o bicho pega.

Por que será que já se computa quantidade de robôs por habitante e por aqui nem ao menos pensamos nisso?

Vale mencionar que em 2020 os proprietários de indústrias já sentiram que a tendência Go To Digital é irreversível, O Ministério da Ciência, Tecnologia e Inovações e a FINEP – Financiadora de Estudos e Projetos lançou uma chamada pública para a I4.0 oferecendo R$ 50 milhões de reais, recebeu 1190 propostas atingindo o valor de R$ 2,5 bilhões de reais o que mostra o quanto o governo não está enxergando a gravidade do problema.

Juros sobre Capital Importam.

Outro ponto aqui é o custo do capital investido, é importante sabermos o quanto alavancado estão nossos concorrentes, sabemos que os juros no Brasil sempre foram altos (embora, estejamos (2020) vivendo um momento diferenciado, juros baixos, inflação baixa e demanda baixa).

Se estivemos numa situação desfavorável com relação a dívidas será importante agir nesse item para que possamos melhorar o resultado de nossa empresa. Como? Vendendo parte do ativo, investindo em outros que acreditamos irão nos trazer melhores retornos.

Por tal, quando temos um portifólio de empresas com produtos e serviços que não se conectam, quando não há sinergia entre os produtos e serviços entendemos que essa decisão se torna mais difícil, pois a sinergia é inexistente e cada produto/serviço está isolado numa ilha independente, cada produto e serviço falará por si e não se poderá aproveitar a musculatura do conjunto.

Onde agir na indústria? Sugestão:

Capex é uma sigla oriunda do idioma inglês cujo significado é Capital Expendidure, ou despesas de capital ou investimentos em melhorias e aquisição de bens de capital e instalações. A ideia aqui é estar à frente da concorrência no que tange a investimentos.

O oposto de CAPEX é o OPEX, ou Operational Expenditure, ou seja, o custo operacional associado para manter a manutenção dos equipamentos e gastos com consumíveis e/outras despesas operacionais.

Compramos uma nova linha de produção para engarrafar produtos, ou seja, investimos no CAPEX, no entanto, essa linha de produção exigirá manutenções preventivas e corretivas, portanto, estamos diante do OPEX. Como podemos melhorar o CAPEX e o OPEX?

O que temos visto atualmente é a automatização da indústria. Por quê? Porque ao automatizar diminuímos a necessidade de mão de obra e geramos maior produtividade. Portanto, há uma tendência de investimentos em CAPEX.

Esses investimentos exigem uma ou várias fontes de recursos, podemos ser felizes e termos uma fonte que nos exigirá um baixo custo de retorno sobre o capital. Qual? Por exemplo, bancos de fomento, normalmente, pertencentes ao governo. Aliás foi isso que a China fez magistralmente desde a década de 80 para desenvolver sua indústria e mais, apostar nas tendências de mercado. No Brasil o BNDES seria um exemplo, mas limitado as grandes empresas.

Esse capital exigirá um retorno, supondo que tenhamos diversas fontes que colocarão capital no projeto e cada fonte exige um retorno diferenciado, a média ponderada desses retornos será exigido do projeto. Em outras palavras, suponha que o retorno de capital média ponderado seja de 12% ao ano, então, o produto ou serviço deverá gerar vendas de tal sorte que o lucro deixado por essas vendas seja igual ou superior ao custo do capital que entrou nesse projeto.

Então, investir na compra de maquinários adequados é uma arte que poderá render bons lucros. Comprar uma nova máquina e não ter como desovar a sua produção pode ser o fim de nossa carreira de estrategista. Ou seja, há algumas variáveis internas que temos autonomia para decidir, e há muitas outras variáveis externas que dependemos de terceiros. É um jogo, um jogo arriscado, um jogo onde perder pode significar o fim.

Então, o que fazer? A solução é mitigar os riscos, ou seja, estudar, criar e implantar estratégias com boas chances de se saírem bem no Oceano Vermelho.

Imagine-se decidindo sobre o CAPEX numa empresa petroleira onde o barril chegou a 120 dólares e caiu para 20 dólares!

Hoje, 2020, a indústria brasileira possui excesso de capacidade produtiva, em outras palavras o PIB atual é inferior ao PIB potencial. Aqui temos um custo adicional que não nos ajuda em nada. Saber equilibrar esses pratinhos transforma medíocres CEOs em gênios, muitas vezes conduzidos pela sorte, pelo acaso. Quem poderia afirmar que a fabricação de máscaras seria um bom negócio em outubro de 2019? Ou mesmo, respiradores?

O ponto aqui é: toda vez que a economia despenca enxergamos um efeito manada, um desinvestimento generalizado, atualmente, por exemplo, estamos atravessando um momento de deflação. Imagine quantos bons negócios poderemos fazer com algum capital? Sim, se todos correm numa direção, abandonam inúmeras oportunidades. Nosso poder de negociação na compra de maquinário seria muito maior se comparado a um mercado aquecido. O ponto é que poucos conseguem ir contra o movimento cíclico, e são esses justamente que conseguem um retorno sobre o capital acima da média.

Aqui temos que separar os meninos dos homens, empresas muito grandes, empresas multinacionais, presentes em diversos continentes já possuem os maquinários de ponta além de planos para atualização desses equipamentos.

Isso significa que se elas não se modernizam perdem espaço, todavia se se modernizam, não ganham espaço, pois, os concorrentes estão percorrendo os mesmos trajetos.

Algumas empresas grandes no Brasil gozando de alguns incentivos podem se dar ao luxo de não investir em atualização de maquinários, no entanto, essa é uma situação que poderá a qualquer momento. Barreiras burocráticas podem cair a qualquer instante.

Empresas médias e pequenas, investir em CAPEX normalmente faz muita diferença, pois seus concorrentes muitas vezes não possui a capacidade de investimento exigida, então, elas movimentando-se nessa direção ganham espaço no mercado. Até crescerem e perceberem que essa ação é básica e irá precisar de outras manobras.

O Time Importa

O líder é o responsável pela formação do time, se ele não possui tal capacidade as chances da empresa comandada por ele ter resultados pífios é enorme.

Um líder deve estudar continuamente e acompanhar as mudanças que ocorrem no campo das relações humanas.

O time é algo complexo de ser copiado pela concorrência, assim, um excelente time trará um diferencial para a empresa e com certeza será notado pelos clientes.

Vamos lembrar que ter um produto raro, valioso, difícil de imitar (aqui entra o time) e insubstituível é o sonho de qualquer empresário, então, time não imitável faz parte dessa equação.

Recomendamos treinar o time, e mantê-los informados sobre os movimentos que a empresa decidiu executar.

Quando aqui nos referimos ao time, estamos indo muito além do time comercial. Precisamos de pessoal capacitado que opere a produção, o "BackOffice" deve conhecer os processos e melhorá-los continuamente, o pessoal de desenvolvimento e pesquisa deve ter metas claras alinhadas com os desafios que a empresa está almejando, enfim, não basta convocar o comercial, dar uma pastinha para cada um, e uma meta de vendas.

Podemos ter dirigentes extremamente competentes, não importa, se os times não estiverem com eles, a maionese irá desandar.

É preciso que o time reme junto para o mesmo objetivo e sem o time não chegaremos lá.

Por tal, metas factíveis para o time e para cada indivíduo é fundamental, pois, o indivíduo sabe que está sendo medido. Algumas funções não são simples de serem medidas, nesse caso a criatividade poderá solucionar. Vamos dar um exemplo: como medir o desempenho da área de serviços gerais? Nesse caso podemos soltar um questionário para as áreas que recebem os serviços gerais para que os envolvidos avaliem os serviços, essa ação deverá ser feita de acordo com a medição de outras áreas e os resultados poderão ser computados para o bônus.

Quando está definido, o time, a meta do grupo e a meta individual, as palavras persistência e constância entram e cena! É isso, trabalho e mais trabalho!

Exercício p/ aquecimento

> a. *A tecnologia cria diferencial? Sim ou Não? Detalhe sua resposta com foco no seu negócio.*

Sua Empresa Está Automatizada? Ver artigo:
https://drzerocost.com.br/2020/08/da-porteira-para-fora-169-jornal-tribuna-liberal-de-23-08-2020-velas-sao-camilo/

(Kevin Ahston, criou em 1999 o termo IoT – Internet das Coisas, idealizando que todos os equipamentos estarão no futuro conectados entre si, e porque não dizer que governos terão informações suficientes e relevantes para tomadas de decisões. Todas essas conexões geram bilhões de dados que devem ser analisados de forma inteligente, abrindo novos conhecimentos e mercados. Todas as fases dos processos têm gerado dados e informações que desembocam num algoritmo e com ele podemos não somente corrigir desvios como aprimorar processos, é o que denomina-se "Machine Learning", esses dados tratados retornam para a linha de processo como ordens e as maquinas aprendem a atingir a resposta ideal. Por exemplo, um leitor automatizado de chapa do pulmão, irá fazer leituras e diagnósticos, cada diagnóstico realimenta a máquina no sentido de sabermos o quão assertivo foi o veredicto até que a precisão atinja níveis muito superiores aos conseguidos pela leitura realizada por técnicos humanos, trata-se de um processo de realimentação com o envolvimento de terabites).

> b. *Sua empresa está competindo contra os concorrentes, está buscando um diferencial, ou está executando as essas duas estratégias ao mesmo tempo? Se houver*

diferenciais liste-os aqui, e depois pergunte a seus clientes se esses diferenciais fazem sentido para eles e se eles os consideram assim como sua empresa os considera.

Empresas que buscam diferenciais e os clientes valorizam esses diferenciais, criam mercados. Portanto, pensamentos de longo prazo devem considerar diferenciais.

Nossa proposta para desenvolver uma boa estratégia de mercado é considerar o Portifólio. O Portifólio dosa o nosso sucesso do presente competindo com nossos concorrentes e mira no futuro quando trabalhamos em P&D. Por tal, a importância do comercial em estar antenado com a UX - User eXperience (UX) experiência do usuário, a UX é o pulo do gato para aprimorarmos o sucesso de nosso produto ou negligenciarmos suas demandas e caminharmos para o fracasso.

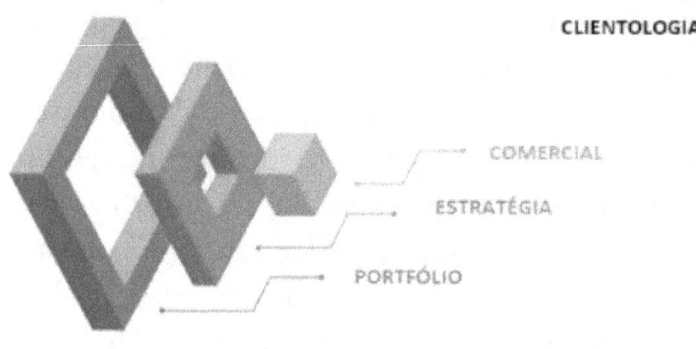

O Portifólio precisa estar equilibrado entre produtos e serviços vendidos no presente com produtos e serviços a serem vendidos no futuro.

c. *Quem na sua empresa puxa o leme do Portifólio equilibrado, um departamento, ou um time suportado pelo CEO?*

Observe a importância da alta gerência apostar no futuro, dando força para as inovações de processos, inovações na franja de seu segmento e inovações radicais.

Uma maneira prática de verificar se a empresa está implantando estratégias é o gráfico do faturamento, se ele se mantiver constante ao longo dos anos é sinal que pouca ou nenhuma estratégia foi aplicada ao negócio.

Pilar 4 – os 4 por quês.

Existem "4 Por quês" a serem estudados e respondidos com assertividade na engrenagem CLIENTELIDADE.

Aqui faz diferença se você é um dirigente ou não. Veremos!

De qualquer maneira todos na organização podem e devem analisar, alinhar e saber responder os "4 Por quês'.

1º Por quê (o seu por quê)

Esse "1º por quê" se refere a você, "por quê" você faz o que faz? Esse fazer está alinhado com a sua missão na vida? Há uma causa ou um propósito na sua resposta?

Dica 1.) para responder esse "1º por quê", pense que você irá a óbito amanhã, então, o que você pediria que fosse escrito na sua lápide? Perceba que sua resposta definirá o seu "1º por quê".

Dica 2.) se conseguimos escrever num tweet o objetivo de toda uma vida deixada escrita na nossa lápide, então, teremos aí a vida que valeu a pena ser vivida.

Dica 3.) decidido aquilo que nos moverá à frente, podemos criar alguns hábitos que corroborem com as mudanças que influenciarão nosso comportamento.

Uma variável que podemos sugerir é a mudança de: "Eu tenho que fazer" para "Eu quero fazer", sabemos o poder que as palavras exercem em nosso cérebro, querer fazer, desejar fazer é muito diferente de preciso fazer ou tenho que fazer.

Dica 4.) ambição, sim é preciso ter ambição nessa vida. Alguns profissionais contentam-se com a posição que ocupam e nada desejam além do que já possuem. É fácil descobrir esses profissionais, basta perguntar: O que você conquistou profissionalmente há 5 anos atrás? Se a pessoa não souber responder, não se lembrar, ou ser indiferente, descobriremos que ela não é ambiciosa. Essa pergunta também vale para empresas quando o tema é inovação, se não há uma estratégia não haverá inovação.

É importante não confundirmos ambição com ganância.

A ambição nos move com parcimônia enquanto a ganância nos move sem escrúpulos, a qualquer custo. Isso não implica concluir que nossas ambições devam ser tímidas.

A ambição aqui mencionada mira no crescimento, é preciso crescer, e encara o dinheiro como consequência de nosso trabalho.

Dica 5.) nós sabemos que quando um elemento da natureza passa da fase sólida para a fase líquida há uma transposição. Ele se transforma e muda sua imagem, ele deixa de existir em um estado e passa a existir em outro estado. No campo empresarial isso ocorre quando duas ou mais empresas se unem, elas deixam de existir para dar lugar a uma terceira empresa recém criada.

Esse fenômeno pode ser encontrado no casamento perfeito entre duas pessoas, elas se unem, abandonam um comportamento individual e passam a viver uma vida conjunta, mudando suas rotinas e objetivos.

Podemos pensar na transformação do hidrogênio em hélio, onde os núcleos atômicos se fundem formando um elemento mais pesado de massa menor, sendo que a diferença entre as massas é liberada em forma de energia, nosso Sol é um exemplo diário dessa reação.

Quando uma pessoa e o seu "por quê" se fundem ela se transforma, assim, ela terá uma vida que deixará um rastro nesse planeta. Sim, a reação pode não ser recomendável, exemplo, a pessoa se torna um corrupto, neste caso o legado será ruim, ou a pessoa persegue as artes e se torna famoso e muitas vezes ricos, ou a pessoa persegue as finanças, ou a pessoa persegue a caridade, ou a pessoa persegue o conhecimento. Todas essas pessoas fazem a diferença, e ter pessoas na empresa cujo "por quê" esteja alinhado com o "por quê" da empresa gera o legado tanto para a pessoa como para a empresa. Essa será a pessoa cujo happy-hour é na primeira hora da segunda-feira e não no final da do dia na sexta-feira.

Dica 6.) fundir-se com um propósito exigirá muito trabalho e sabemos que essa não é uma característica do cérebro humano, denominamos essa característica de "princípio do esforço mínimo". O cérebro não possui em seu perfil o gasto excessivo de energia, ele está sempre poupando energia. Ou seja, se propormos agora um exercício para resolver uma equação de segundo grau com números imaginários, o leitor irá pular esse parágrafo.

Portanto, fundir-se com seu objetivo é algo para os fortes e determinados. Além disso o nosso cérebro para se livrar do desperdício de energia faz associações com coisas e fatos anteriores e emite respostas rápidas, ele não se dá ao trabalho de criar um hiato e dizer: Pera aí!, Essa equação é diferente da equação de segundo grau com números reais, vou ter que pensar!

Ou seja, é uma batalha constante, mas se estamos apaixonados pelo nosso "por quê", seguiremos em frente e deixaremos algo para trás, bom ou ruim.

Como sabemos se estamos vendendo ou comprando algo, podemos usar essa "ferramenta" para vender, ou seja, estimula-se o cérebro do comprador com algo aparentemente desconectado de nosso propósito e o condicionamos a responder aquilo que desejamos.

Esses estímulos são muito estudados no Marketing, mulheres perfeitas aparecem ao lado de marcas de cervejas e força nosso cérebro a pedir aquela determinada marca, mesmo quando sabemos que bebedores de cerveja o que conseguem é aumentar o abdômen.

Esse é um efeito de pré-ativação que acontece sem termos consciência do fato.

Ou seja, nossa sociedade em geral é submetida a estímulos cada vez mais frequentes, os julgamentos saem do controle da razão e quando acordamos estamos em guerra, o comportamento altruísta se perdeu em algum trecho dessa caminhada.

Observemos o comportamento do Sr. Donald Trump, todos os dias ele está na mídia, se julgarmos imparcialmente alguns de seus atos veremos que ele agiu corretamente, no entanto, dependendo do canal de mídia que sintonizemos as críticas serão ferozes. Não estamos aqui defendendo o sr. Donald Trump, mas colocando atenção no tema, agir por impulso condicionado por pessoas inteligentes que manuseiam as informações irá favorecer os resultados que normalmente interessam a eles.

Em geral nosso cérebro simplifica e reduz o mundo aos nossos conceitos e partimos dali, sem dar chance a análise mais aprofundada.

Por tal, aquelas pessoas que mostram um caminho simples para alcançar a felicidade, ou a cura, ou a riqueza fazem tanto sucesso.

Então, a decisão é sua, pule três ondinhas, coma 7 sementes de romã ou arregace as mangas e crie um propósito.

Vale informar, se todos no seu condomínio ou todos no seu bairro pulam 7 ondinhas na virada do ano, a tendência é que você também irá pular 7 ondinhas, efeito manada.

Se estamos em crise e ninguém vende nada ou compra absolutamente nada, há uma tendência que você siga essa onda, mesmo os preços estando muito baixos.

A Petrobrás sofreu duros golpes em 2019, suas ações ficaram muito mal, acionistas venderam o que puderam e apuraram prejuízos.

Aprendemos muito com nossos mestres nesses últimos 2500 anos, o problema é que não aplicamos os ensinamentos, afinal, "é o sinal de uma mente educada ser capaz de entreter um pensamento sem aceitá-lo".

2º Por quê (o por quê da sua empresa)
Aqui tratamos do "Por quê" da empresa que você trabalha. Qual é o propósito ou a causa da sua empresa?

Dica 1.) faça essa pergunta para 3 pessoas de diferentes níveis dentro da sua organização e compare as respostas, se cada um der uma resposta diferente sobre qual o "por quê" da empresa, então, "Houston we have a problem".

Dica 2.) se você é um colaborador e ao ler a missão da empresa conclui que essa missão pode servir para outra empresa qualquer, tente identificar algo de positivo nessa mensagem da empresa, verifique se consegue alinhar o seu "Por Quê" com a missão da empresa a fim de remar junto enquanto estiver por lá. Encontrado esse ponto de contato, esse ponto de tangência, mantenha-o vivo todos os dias dentro de você.

Dica 3.) a identidade da empresa é fundamental, se a empresa busca o lucro sem se preocupar com sua identidade, esse lucro irá desaparecer. Isso ocorre porque ao perder a identidade aquela imagem que tínhamos cravada na cabeça do cliente se perde e o cliente não mais se sente conectado a nossa marca.

Certa feita, eu tinha lá meus 18 anos e fui passar férias na fazenda de um amigo. Era uma fazenda enorme e ele s dedicava a criação de gado. Nelore. Estávamos lá e chegou uma pessoa do local, um amigo de confiança. Começou uma conversa e finalmente colocou o negócio sobre a mesa. Um fulano estava em dificuldade financeira e está vendendo uma vaca premiada de uma raça, talvez, holandesa, eu não sei. Por simplesmente 50% do valor.

Fiquei empolgado com o negócio, eu até possuía recursos para comprar aquela vaca, somente não saberia onde iria colocá-la. Enfim, esse amigo agradeceu a oferta e declinou. Aquilo me deixou intrigado, ele era rico, poderia ter comprado aquela vaca sem pensar, vender na semana seguinte e fazer algum lucro.

Mais tarde, voltamos ao tema e ele disse, a cidade é pequena, todos saberão que eu comprei essa vaca e isso não seria bom para meus negócios, pois, toda a região sabe que meu negócio é o Nelore, essa vaca iria criar uma abertura na minha reputação de 100% especializado em Nelore, esse custo eu não estou disposto a pagar.

Dica 4.) Sua empresa entrega um determinado serviço ou um determinado produto, então, responda: Qual o benefício que ela agrega para a comunidade?

2º Por quê

Quando definimos o "Por quê" da empresa e supondo que seus colaboradores estejam alinhados é como se estivéssemos numa corrida de revezamento com passagem de bastão. Cada corredor pega o bastão num determinado ponto e o conduz a outro ponto, onde será repassado ao corredor seguinte.

Cada corredor fará ou tentará fazer exatamente o que foi definido e treinado junto da equipe técnica e de seus dirigentes.

Assim, conseguimos alinhar a empresa e seus colaboradores. Criamos a sintonia fina, a sintonia de valor.

O fato de alinharmos o "por quê" da empresa, o fato de buscarmos um significado de longo prazo não implica concluir que a empresa deverá ter uma única área, implica dizer que essas áreas devem possuir sinergias, devem complementar o propósito.

Ou seja, podemos atuar em múltiplas dimensões, mas todas elas possuem a mesma origem. É como uma goiabeira, está ali para dar goiabas e cada galho com fruto irá dar goiabas, no entanto, a arvore é única, é uma goiabeira.

O segredo das organizações do futuro será escolher corretamente as sementes e cuidar delas. Uma goiabeira deve dar boas e excelentes goiabas, não deve dar maçãs. Simples? Nenhum um pouco.

O trabalho para alinhar todas as variáveis é maluco é preciso estar inspirado e muito a fim de chegar lá, ter uma visão de longo prazo. É como ser o maestro de uma grande orquestra, coordenar todos os instrumentos para que o som final seja, simplesmente fantástico e aí avançar, e avançar e avançar em busca da excelência.

3º Por quê (o por quê do líder)

Aqui temos o "Por Quê" de condução dos dirigentes, "Por quê" o dirigente conduz a empresa à frente? Muitos dirigentes não estão totalmente alinhados com o propósito da empresa, muitos se concentram demasiadamente no seu próprio umbigo, nas suas metas pessoais, nesses casos as chances de sucesso da empresa diminuem.

Dica 1.) o dirigente deve colocar atenção nas suas mínimas ações e alinhá-las com o "2º por quê" (o da empresa), se não for possível deve se retirar.

Dica 2.) estamos no século XXI a liderança através de COMANDO & CONTROLE há muito tempo já cedeu espaço para a liderança através de ENGAJAMENTO & CONQUISTA. O novo líder forja consenso e abre espaço para a participação daqueles colaboradores valiosos que vestem a camisa. Infelizmente muitos líderes não conseguem enxergar as mudanças.

3º Por quê

Dica 3.) mesmo que o dirigente não seja transparente, seus subordinados percebem esse comportamento, o ser humano consegue sentir o que está se passando. Assim, dirigentes devem estar conscientes e atentos sobre suas ações pouco recomendáveis. Um exercício que ele pode fazer é pedir para que algum amigo íntimo o descreva, apontando qualidades e defeitos.

Dica 4.) no século XXI não há espaço para dirigentes que não sejam humanitários, os carrascos e mal educados irão caindo pelo percurso.

Dica 5.) o dirigente que não esteja antenado sobre tecnologias voltadas para a gestão será atropelado pelo mercado, é necessário a educação continuada também para dirigentes.

Dica 6.) obviamente a liderança pode ser aprendida através do exercício de funções que conduzem colaboradores a esses cargos que se posicionam no topo da hierarquia.

Duas qualidades comportamentais se sobressaem no século XXI para líderes eficazes a humildade e a gratidão.

Essas duas qualidades são necessárias, porém não suficientes.

Dica 7.) sim, a vida de um líder não é simples! Como dito nas dicas anteriores é preciso mais do que eficácia e humildade, assim podemos escrever, por exemplo, uma frase propositiva. Se um líder é humanitário, então ele deve ser tecnológico. Então, quem é esse líder do século XXI?

O líder é aquele sujeito que aprende a ser líder e ao aprender, exercita o fato de estar sempre atualizado, ser curioso e deve saber errar e reconhecer seus erros. O líder é um solucionador de problemas, mas vale dizer que os problemas atuais não são simples e para além disso a tecnologia está refazendo os mercados a cada dia.

Portanto, uma solução aplicada no passado com sucesso, poderá não surtir nenhum efeito no presente e o líder precisa enxergar esse fato. O líder não pode ser precipitado e ao mesmo tempo é necessário que seja rápido, para tal ele precisa perceber que é parte da solução e muitas vezes parte do problema.

Dica 8.) líderes são geralmente conservadores e o motivo é simples, desejam atingir suas metas e manter seus empregos. Aqui, temos uma bifurcação na condução da empresa, como o Conselho poderia apoiar o CEO para que ele fosse mais arrojado a ponto de não sobrevalorizar suas necessidades em detrimento da necessidade de crescimento da empresa?

O CEO é um funcionário de alto escalão, mas não podemos nos esquecer que é um funcionário que recebe salário, bônus etc. Portanto, o Conselho deve saber alinhar essas expectativas, ou regrá-las num contrato bem amarrado para evitar surpresas desagradáveis. Num exemplo, quais recursos estarão à disposição do CEO durante sua gestão para que ele atinja os objetivos acordados?

Dica 9.) líderes devem ser catalisadores, pessoas que iluminam o caminho a ser seguido, e que suas palavras exprimam as diretrizes que foram decididas serem seguidas. Mas, como ele fará esse movimento? Existem algumas maneiras, uma delas, é frisar ou cravar os gatilhos para que cada membro da equipe, mude o comportamento (rotinas sobre esse tema é descrito em "O Poder do Hábito" por Charles Duhigg onde ele divide hábitos em três partes: o gatilho, uma rotina e uma recompensa).

Aqui se o nosso dirigente não for "quadrado" ele poderá pensar em muitos gatilhos a fim de motivar o seu time. Por exemplo, quem chega atrasado nas reuniões semanais, paga um valor $$$ para uma caixinha que irá cooperar com a festa de final de ano.

A empresa definiu até aqui seu objetivo, então, os líderes devem fatiar esse objetivo em pontos menores e utilizar esses pontos menores para criar gatilho, rotinas e compensação para os membros do time.

Exemplo, se uma das metas é melhorar a comunicação, então, aqueles que publicarem artigos na Intranet terão um reconhecimento. As possibilidades são inúmeras e, portanto, é preciso que os dirigentes sejam criativos.

A mensagem aqui é construir rotinas menores que estejam em linha com a missão da empresa, se encaixam na missão da empresa. Suponha que uma das variáveis da missão da empresa seja atender com rapidez o cliente, debulhando essa ação podemos criar gatilhos, rotinas e recompensas para os colaboradores.

Dica 10.) líderes carismáticos perdem espaço conforme adentramos o século XXI, uma maneira de ganhar confiança dos colaboradores e deixar algumas informações de bastidores escapar para os membros da equipe. Assim, eles se sentirão valorizados e muito provavelmente irão entender melhor o que é preciso fazer para corrigir eventuais rumos da empresa.

Dica 11.) toda música transmite alguma mensagem, e possui um refrão. O refrão marca a mensagem e quando escutamos diversas vezes aquilo fica em nós impregnado. É isso que deve fazer o CEO com a mensagem que deseja passar.

Dica 12.) é muito mais difícil ser líder hoje do que a cinco anos atrás, por quê? Porque há maiores exigências sobre o líder, não basta apresentar lucro é preciso que esse lucro seja sustentável. Observe que existe aqui uma linha tênue por onde o líder deve caminhar.

4º Por quê (o por quê do cliente)

Trata do "por quê" do cliente, por que o cliente compra de sua empresa? E/ou, por que sua empresa o contratou?

Dica 1.) faça essa pergunta para o seu cliente e caso seja um colaborador faça essa pergunta para o seu superior, você poderá se surpreender.

Dica 2.) o conhecimento acumulado pelos fornecedores durante anos é valorizado pelos clientes, e pode/deve fazer a diferença no fechamento de um contrato ou simples venda.

Dica 3.) o motivo que conduz seu cliente a comprar de sua empresa no instante t0 não necessariamente se manterá ao longo do tempo. Por quê? Porque o mercado está em movimento constante, alguns nichos se movem mais rápidos do que outros, mas se movem. Portanto, o fato de um cliente decidir por sua empresa hoje, não garante que irá ter a mesma decisão no futuro. Sua empresa precisará acompanhar os movimentos externos, ou até assumir a vanguarda ditando as novas tendências. Aqui introduzimos uma variável interessante que historicamente quebrou muitas empresas, a miopia de dirigentes internos bloqueou e continua bloqueando a aceitação das mudanças. A visão externa (vista de fora para dentro) muitas vezes é negligenciada ou mesmo não é percebida por aqueles que estão dentro da bolha administrativa do dia a dia. Muitas vezes enxergamos, mas não mudamos. Vejamos os cinemas durante a pandemia atual 2020, alguns estabelecimentos moveram-se rapidamente para o cinema Driv-thru, e faturaram, outros, mesmo havendo condições de fazê-lo permaneceram ancorados na formatação antiga e se agarraram a ela até a falência.

Assim, visões do mesmo prisma, de diversos ângulos cooperarão para que decisões sejam mais assertivas evitando-se catástrofes. A literatura sobre negócios está recheada de exemplos.

Não basta comprar!

Sim, o cliente compra, mas ele precisa deixar um lucro, uma margem para a empresa. Estamos tratando de "empresas.com", e essas empresas não sobrevivem de doações e nem tão pouco são instituições de caridade.

É preciso fazer lucro, reinvestir, crescer, e oferecer produtos e serviços cada vez mais adequados ao mercado.

Portanto, há uma razão para aquele cliente pagar um determinado valor pelo produto ou serviço. Qual é? Se não sabemos, temos que descobrir.

O óbvio nesse tópico é a importância do portifólio conectado às vendas. Podemos aumentar as vendas e numa proporção direta aumentar nosso prejuízo ou destruir nossa margem.

Assim, vendas está diretamente conectada com o portifólio e dessa análise emerge a nossa definição de estratégia.

O cliente compra e existe um "por quê", no entanto, nós exigimos que ele nos deixe uma margem. Quanto? O que temos calculado no mercado é uma margem que cubra o custo do capital investido e ainda nos deixe algum porcentual aceitável para reinvestimentos.

O custo do capital é exigido por aqueles que investem no negócio, eles explicitam o quanto querem ser remunerados pelo capital investido. Aqui fica patente a importância da estratégia e o quanto ela está amarrada às outras variáveis.

Não há nada de errado em treinar o time de vendas para melhorar a performance, mas percebamos que esse objetivo deve estar conectado principalmente com o portifólio e a estratégia de onde, como e por quanto queremos vender.

Exercício Decida-se

A proposta nessa parada é que o leitor crie seu próprio mapa de decisões. Algo como peneiras pelas quais as decisões devem passar.

O problema foi colocado, então, uma decisão será exigida. Caso não tomemos nenhuma decisão o problema se resolverá por si, no entanto, a solução estará provavelmente fora de nossas diretrizes e poderá não estar alinhada com os propósitos da empresa.

Todo problema abre caminho para diversas soluções, e nenhuma das soluções englobará todos os benefícios.

Observe a importância da participação do time, eles entenderão o que foi sacrificado para se adotar aquele caminho e remarão juntos no próximo passo, sem ruídos.

Clareza e alinhamento é o nome desse importante exercício.

Suponha uma cia aérea "low cost" onde os clientes reclamam de um almoço mais substancioso, qual tipo de decisão os líderes devem tomar?

Suponha um funcionário que faça parte da equipe por 4 anos, e numa bela tarde de sexta-feira recebe o comunicado via um terceirizado que foi desligado da equipe. O CEO dessa empresa que passa horas do dia reclamando a falta do espírito de time de seus comandados passará subliminarmente qual recado para os demais membros? Será que esse CEO consegue enxergar as consequências capilares na organização que preside? Será que esse CEO deveria buscar aconselhamentos?

Se você é um líder e deseja seguir a trajetória de grandes líderes, use a CLIENTELIDADE para criar seu mapa de decisões.

Coloque no papel os conceitos fundamentais que norteiam você a conduzir a empresa ou sua equipe. Verifique se suas decisões estão alinhadas com os propósitos pré-definidos e acordados.

Os temas abordados previamente neste documento devem ser alvo de respostas assertivas.

03 CLIENTELIGÊNCIA

A CLIENTELIGÊNCIA define como abordaremos nosso potencial cliente utilizando a inteligência.

Sabemos que as pessoas não são iguais, que as empresas não são iguais, então, temos que criar abordagens diferentes para cada situação e para cada perfil de pessoa.

Temos aqui 11 pilares a serem abordados, vamos detalhar cada um deles. É fácil. Dependendo do perfil do interlocutor escolhemos nossas variáveis.

Esse arsenal de ferramentas deve ser ajustado e lapidado para cada situação e com a prática o processo se torna automático.

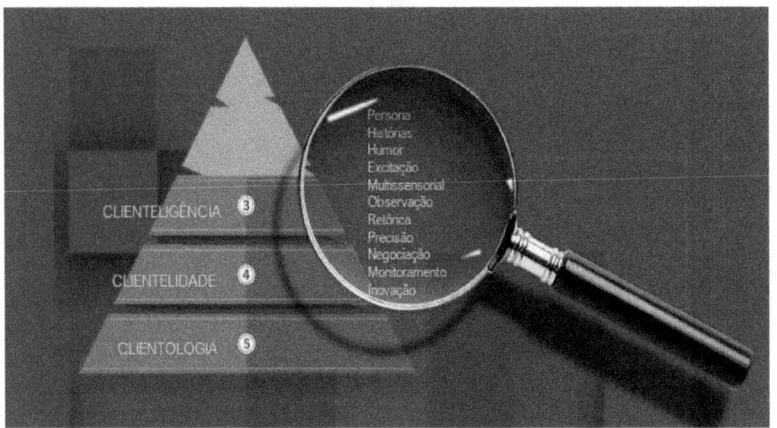

Pilar 1 - Persona

Você deve ter ouvido falar ou já leu muito sobre esse tema, ele continua sendo importante. A persona se diferencia do público alvo. Quando analisamos o público alvo buscamos responder as variáveis, idade, gênero, moradia, cargo etc. Obviamente a importância desses dados varia conforme o produto ou serviço que desejamos ofertar.

A persona possui outras características, como medo, hábitos, desejos, vaidade, valores etc. Há uma sutileza ou aprofundamento nessa coleta de dados. No entanto, o mais importante aqui é identificar o problema que o cliente em potencial tem ou não sabe que tem e você/sua empresa podem construir uma solução diferenciada para ele.

Observe que não podemos perder de vista o cliente, não se trata de inventarmos uma solução genial que o mercado não está preparado ou não deseja.

Pilar 2 – Histórias
Conte histórias únicas e memoráveis.

Então, onde você irá buscar essas histórias? Sim, na sua própria trajetória e na trajetória de sua empresa.

Essas histórias são únicas. Escolha-as com critério. Repita-as e Treine. Conte-as em reuniões internas e para seus clientes.

Suas histórias vivenciadas são suas, por mais rico que seja o seu interlocutor ele não pode se apossar de suas histórias.

Um médico oncologista de pacientes terminais pode relatar histórias relevantes para um proprietário de plano de saúde. Portanto, não se intimide e saiba fazer seu "pich".

Histórias para Clientes Internos e Externos
1. Possuímos um produto ou um serviço, então, a história que o cliente ou o potencial cliente estará disposto a escutar será: Onde ele está e onde ele chegará adquirindo nosso produto ou serviço. Parece simples, mas muitos vendedores não treinam essa "historinha". A tendência é que ele comece a falar sobre as qualidades de seu produto ou serviço sem se colocar na "pele" do cliente.
2. Muitas vezes o cliente ou o potencial cliente não conseguirá entender como ele fará o movimento de onde está para onde ele poderá chegar.
Suponha que iremos vender o 1º "smart phone" do planeta, como explicar para um cliente que ele poderia ter uma série de aplicativos? O cliente poderia perguntar sobre quais aplicativos estaríamos falando e nós poderíamos responder: De qualquer tipo. Certamente ele

não irá entender. Poderíamos dizer que ele deveria passar a mão pela tela e decidir o que desejasse acessar. Ou seja, seria muito difícil explicar. Nesses casos, precisamos criar uma história que o cliente entenda a necessidade da mudança.

Suponha que estejamos vendendo mangueiras, então, esse item é tão pequeno que o cliente mal sabe as funcionalidades de uma mangueira especial na composição de um maquinário. No entanto, uma mangueira perfurada poderá parar toda sua linha de produção, por exemplo, na fabricação de papel. Então, podemos (suposição) sermos responsáveis pelo aluguel de mangueiras, essas mangueiras seriam monitoradas remotamente e poderíamos substitui-las antes que sua vida terminasse. Observe que o cliente não mais estaria comprando ou alugando um conjunto de mangueiras, mas, estaria diante de um escopo muito maior. Essa "história" ele irá entender e, vender para escalões mais altos.

3. Histórias contadas por CEO´s e dirigentes assim como por responsáveis por RH – Recursos Humanos são fundamentais para agregar e conseguir talentos para a equipe. Suponha um dirigente de RH explicando para o candidato os benefícios por se juntar à equipe, plano de saúde, prêmios, salários etc. Ou, ao invés desse discurso ele colocando maior atenção na diferença que o mundo sofreria se a empresa não existisse.

4. Contar histórias "cases" em reuniões internas constrói a cultura da empresa.
5. Quando você decidir por uma história e treiná-la é fundamental que ela possua uma mensagem clara e que essa mensagem esteja alinhada com seu objetivo.

Pilar 3 – Humor

Sim, a vida não está fácil, principalmente para quem vive abaixo da linha do Equador.

É descomplicado fazer uma lista interminável de problemas, então, salpique seus diálogos, suas reuniões, suas apresentações com uma dosagem certa de humor, mas, jamais, jamais, sacrifique um amigo ou um cliente para encaixar uma piada.

Numa conversação que se inicia é importante termos algumas frases preparadas que irão descontrair o ambiente e fazer com que nosso interlocutor ria conosco. Não é necessário ser uma risada escrachada, mas algo que descontraia os músculos da face já estará de bom tamanho.

Portanto, devemos evitar temas polêmicos, não devemos iniciar algo comentando o jogo de futebol do final de semana, sem saber para que time o nosso interlocutor torce. Ou abrir temas como racismo, violência contra a mulher etc.

O humor deve ser devidamente dosado. Algo que funciona muito bem, é uma piadinha sobre você mesmo, ou seja, você vai para o sacrifício sem magoar terceiros seja lá quem forem.

Pilar 4 – Empolgue positivamente o seu cliente
Existem diversas maneiras para excitar positivamente o cliente, pincemos algumas:

1. Conhecimento excita, faz seu interlocutor descobrir algo interessante que ele não havia visto ou não havia prestado a atenção devida, e esse algo poderá ser, por exemplo, aumentar o intervalo de necessidade de manutenção preventiva, ele terá um momento de excitação. Uauhhh! Bingo!!! Você poderá conduzi-lo a cálculos de custos diferenciados, mais abrangentes, evitando a vala comum.

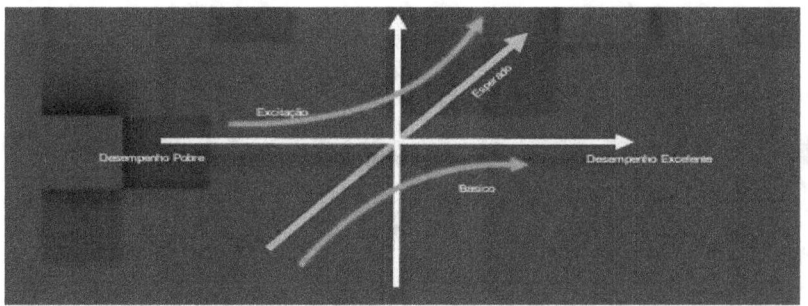

Atualmente a quantidade de informações que nos chegam é absurda, além disso, as que dispomos se tornam obsoletas com muita facilidade. Lembro-me de minha avó; "não chupe manga e tome leite, você pode morrer".

Então, se temos informações que irão expandir o conhecimento de nossos clientes e o farão ter uma nova visão sobre o problema que está tentando resolver. Isso poderá evitar que ele tenha prejuízos ou mesmo ser beneficiado com lucro. Por tal, ele lhe será grato e esse é um bom caminho para a construção de laços de confiança.

Os clientes gostam de escutar boas notícias, os seres humanos são assim. Esse é um tema difícil de contornar. Exemplo, o Brasil foi um país privilegiado quanto a informação sobre o COVID-19, o 1º caso ocorreu na China em novembro de 2019 e o vírus só chegou por aqui em março de 2020, portanto, algum estrategista poderia ter alertado, por exemplo, um cliente proprietário de uma cadeia de restaurantes sobre a turbulência que viria e que o "budget" deveria ser refeito além de outras medidas radicais. O ponto é: Quem ou qual CEO teria a "coragem" de iniciar um forte processo de "downsizing" sabendo que o faturamento de janeiro e fevereiro de 2020 foi inclusive superior se comparado a 2019? Aqui está a verdadeira coragem, apontar com consciência para aquilo que você almeja e ir em frente.

2. Algo que poderíamos fazer ou deveríamos para nossos clientes é criar para eles um KPI relacionado ao nosso produto ou serviço. Esse índice o alimentaria sobre as vantagens em adquirir nossos produtos ou serviços, o que com certeza o empolgaria.
Num exemplo, um índice dedicado a manutenção de nosso produto em relação ao mercado. Ou o tempo de instalação de nosso produto em relação ao mercado.

Pilar 4 - Empolgue positivamente o seu cliente

3. O sorriso, sim, o sorriso excita. Lembremos que podemos excitar as pessoas tanto positivamente como negativamente. Dependendo do sorriso você pode excitar o interlocutor negativamente.

   Os neurocientistas nos ensinam que a emoção está no inconsciente, é como um software que é rodado após um estímulo. O sentimento é a manifestação ou um retrato da emoção.

   Então, primeiro vem o estímulo, o nosso sorriso (por exemplo) que gera uma emoção (efeito físico – exemplo - sudorese) que por sua vez gera um sentimento que desemboca numa ação do interlocutor.

   Portanto, se desejamos comportamentos positivos, devemos dar 'inputs" alinhados, nesse caso o sorriso pode gerar no nosso interlocutor os sentimentos de alegria ou o afeto. Existem verdadeiros tratados sobre o sorriso e agora, ou já, já, com as câmeras que fazem as leituras faciais poderemos descobrir intenções ou mesmo analisar possíveis comportamentos.

   Engana-se o negociador que ao falar via fone, faz caretas e força determinados sorrisos, o ser humano é capaz de identificar esse tipo de gesto, mesmo que não esteja vendo.

4. Podemos excitar voluntários solidários ou grandes formadores de opinião. Um voluntário solidário é aquele que ficou satisfeito com nossos serviços e o

"vende" em conversas informais para seus pares (boca a boca), ele marca um "ponto" junto aos amigos tendo esse comportamento. Ele pode comentar num jantar entre amigos "comprei esse vinho e o custo benefício é muito acima da média". Pronto! Ele comprou nosso vinho e excitou seus amigos.
Os grandes formadores de opinião no mundo atual são pagos para excitar pessoas com o objetivo de as converter em clientes.

Pilar 4 - Empolgue positivamente o seu cliente

5. O Cliente que saiba sobre a destinação de nossos produtos ou serviços após a vida útil irá valorar esse fato. Isso o excitará quanto mais a sociedade atual se conscientiza sobre o meio ambiente.

    Esse cliente está cada vez mais consciente sobre os processos e os impactos na sustentabilidade, e em tese nos dará (deveria) preferência em suas aquisições. Sabemos que se trata de um processo lento, porém irreversível.

    Por tal, principalmente se somos um fabricante, por exemplo, de seringas descartáveis, mangueiras, automóveis, pneus etc. Temos que ter na ponta da língua o destino desses bens tão logo tenham desempenhado sua missão.

    Estamos em 2020, tente vender títulos de crédito de carbono para uma pessoa acima de 50 anos e para outra entre 20 e 30 anos. Você perceberá diferentes comportamentos. A pessoa acima de 50 irá dispensá-lo rapidamente e a de 30 comprará.

Pilar 5 - Experiências multissensoriais

Vale a pena analisar se os cinco sentidos do ser humano estão sendo utilizados ou podem ser utilizados /contemplados em sua oferta.

Exemplo, um piso de shopping limpo aumenta as vendas das lojas ali localizadas - pesquisas comprovam.

Nossos locais de trabalho transmitem sinais subliminares. Um local agradável, limpo, prático e alinhado com a nossa proposta, agrega valor.

Outro exemplo, um hotel com foco em reuniões de negócios, que hospeda executivos, pode/deve ter um perfume no ar, uma essência que nos remeta ao cheiro de dinheiro.

Pilar 6 – Observação

Podemos e devemos treinar o ato de observar e de observar-se. Essa ação irá lapidar e melhorar nossa assertividade junto aos clientes e pessoas próximas.

Num exemplo, se através da observação classificamos o arquétipo (Jung) do nosso interlocutor, seu nível cultural e nível social podemos moldar nossa comunicação.

Nosso linguajar deve ser tal que entre na mesma frequência que está o nosso interlocutor.

Podemos resolver muitos dos nossos problemas simplesmente observando detalhes, e depois agimos.

Observe o exercício abaixo, pode ser resolvido sem fazer cálculos, somente com observação atenta. Vamos tentar?

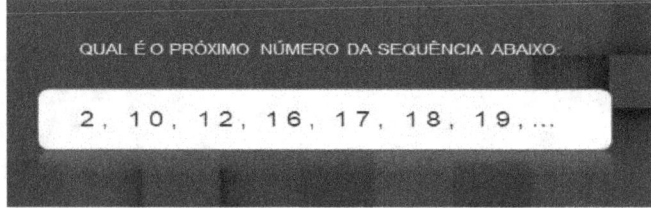

Pilar 7 – Abordagem estruturada

Nossos discursos necessariamente precisam conter três elementos; ética, lógica e paixão.

Essas 3 variáveis não precisam ter o mesmo peso, mas devem ser calibradas dependendo do interlocutor que estiver dialogando conosco e o objetivo que desejamos atingir.

Suponha que você seja um médico e precisa transmitir uma notícia grave ao seu paciente, como você construiria seu discurso? Você seria radicalmente lógico?

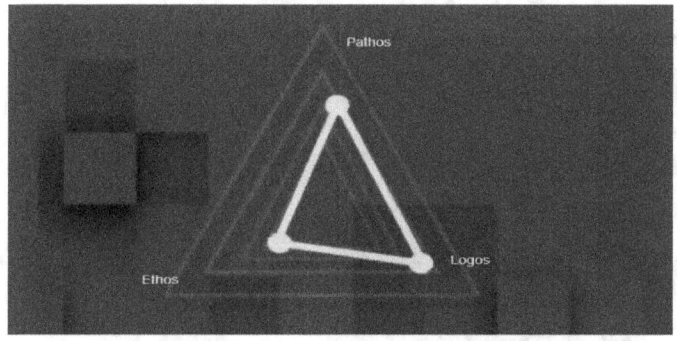

Pilar 8 – Seja cirúrgico

É preciso saber onde desejamos chegar. Temos várias metas que nos levarão a um objetivo, cada meta conquistada é um trecho cumprido para alcançar o objetivo final.

Se não sabemos onde queremos chegar qualquer caminho é válido. Muitas vezes passamos horas antes de uma reunião discutindo o que podemos ceder e o que não podemos ceder, esses limites devem ser claros para todo o time envolvido no processo.

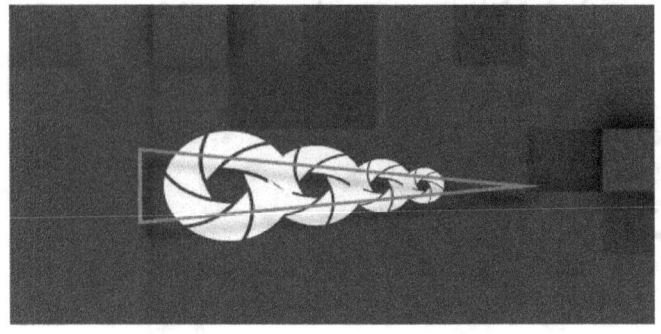

Pilar 9 – Negocie

Se concordamos que as pessoas são diferentes, como podemos tratá-las como iguais, ou pior, tratá-las como nós gostaríamos de ser tratados?

A negociação é um processo, toda negociação exige preparação e treino, "warm up" e, fechamento. Perceba em que fase da negociação você está, e não pule fases.

É possível fazermos "teatrinhos" internos na organização e treinarmos vendas entre nossos pares. Esse exercício deve ser monitorado por um crítico construtivo. Em tempos de pandemia podemos utilizar vídeo conferências com nossos pares.

O profissional brasileiro, em geral, trata a negociação como algo do tipo; "vamos lá verificar o que nosso potencial cliente deseja, vamos lá tomar um café"; profissionais lá fora, em países desenvolvidos, tratam o tema com seriedade, treinam antes de tomar esse café, preparam-se e quando sentam-se para negociar sabem o que desejam. Além disso eles protegem com unhas e dentes seus segredos industriais.

Um ponto que pouco tangenciamos no Brasil é sobre a cultura de nosso interlocutor, hoje, existem empresas especializadas em analisar esse tópico. Muitas culturas possuem rituais enraizados e esses interlocutores por mais adaptados que possam estar a novos ambientes, sempre carregam esses vestígios em seu DNA.

Existem infinidades de situações que a reação de nosso interlocutor poderá reagir de modo diferente do nosso. A entrega de um cartão de visitas para um diretor chinês, normalmente é feita com as duas mãos. Mostrar a sola do sapato ao cruzar as pernas para um árabe não parece ser um bom comportamento aos olhos dele.

O machismo possui diferentes graus entre as culturas e pode ser uma barreira ao fechamento de um negócio. Um alemão com certeza é muito mais machista que um sueco.

Muitos comerciais dizem: Ahhh, mas eu não viajo para fora do país! No mundo globalizado não é preciso viajar para se deparar com uma pessoa de outra nacionalidade. Por que, se preparar para uma negociação é fator decisivo entre fechar e não fechar.

"gatilho"

Algo que funciona muito bem numa reunião de negócios, antes de uma palestra é criarmos um gatilho. Nós sabemos o motivo de estarmos ali representando nossa empresa etc.

Todavia, é muito bom criarmos internamente um prefácio, como num livro, o autor escreve ali o seu objetivo com aquele livro, pode até não o atingir, mas ele registra o marco zero.

Assim, funciona o gatilho, podemos criar e devemos criar um porto seguro. Ou seja, toda vez que começamos uma negociação pensamos na melhor negociação que fizemos na nossa carreira, pronto, foi dado o disparo para nosso cérebro se posicionar.

Trata-se de uma armadilha para o nosso próprio cérebro, colocá-lo numa posição positiva, não deixar que ele nos traga a lembrança fatos ou negociações que não deram bons resultados e foram similares.

"pich"

O "pich" é aquele discurso que todos os integrantes do time de vendas devem treinar antes de encontrar um potencial cliente. Essa palavra ganhou muita projeção depois do advento das "startups"

Algo que é muito comentado no "pich" é o "elevator pich", ou seja, você pega um elevador e de repente está diante de um CEO, uma personalidade, ou alguém de seu interesse. O seu tempo e o tempo terão o mesmo custo naquele momento, ou seja, embora a hora dele possa valer centenas de vezes a sua, naquele momento os dois estarão ali parados, aguardando a chegada em seus respectivos andares. Ou seja, estamos diante de um momento único. Como aproveitá-lo? Teremos poucos minutos e nesses minutos temos que dar o nosso "recado", por tal, o nome "elevator pich". Treine seu "elevator pich" para melhor vender o seu peixe.

"warm up"

O "warm up" é quando analisamos uma determinada situação, procuramos entender melhor o cliente ou o potencial cliente. Nesse caso devemos praticar a escutatória. Aqui, muitas vezes nos deparamos com um problema comum: o cliente não deseja falar. Como sair desse enroco? A dica é fazer perguntas abertas. As perguntas que devem ter Sim ou Não como respostas são indicadas caso estejamos fazendo uma apresentação, ou seja, não queremos abrir o tema para cada um colocar sua opinião. Então, podemos perguntar: Os senhores concordam ou não com o exposto. Quem concorda deve, por exemplo, levantar a mão.

As perguntas abertas são ideais para aprofundar o conhecimento sobre o cliente, ou a solução que ele está buscando. Exemplos; há quanto tempo vocês estão com esse problema e como ele apareceu? Ou, vocês entendem que uma solução .xxx... atenderia sua demanda e por quê? Ou, onde vocês colocam maior atenção na solução de problemas, cada solução possui vantagens e desvantagens, o que vocês priorizam?

Ou, qual sua opinião sobre.......? Ou, por que vocês decidiram nos chamar aqui? Ou, qual o melhor processo que vocês possuem hoje e por quê?

Observem que a pergunta que se inicia com "Por Quê" abrirá o leque para uma resposta mais ampla, e é justamente o que desejamos na fase do "warm up".

Obviamente antes de atacarmos o "warm up" nós já estudamos nosso interlocutor pesquisando seu perfil nas redes sociais, identificando suas características principais. Então, abrir algum ponto da conversa que ele entende ou se identifica, ou mesmo colocando uma questão que ele deverá explanar a resposta com argumentos sólidos irá deixar o ambiente menos hostil.

Saber fazer perguntas certas é uma arte. Ao deixar uma conversação também devemos ter algumas frases educadas para a despedida. Exemplo: Foi um prazer ter estado com vocês. Muito obrigado pela atenção a nós dispensada, foi muito proveitoso, nós entraremos em contato na próxima semana.

Particularmente gosto de comentar "en passant" algo que aprendi com o interlocutor durante a nossa conversa, e sou honesto nas minhas palavras.

Fatiamento

O fatiamento é uma técnica utilizada por muitas empresas, algum literatura denominam jornada do cliente. Ou seja, detalham todo o processo de venda desde o início até o final.

Num exemplo, um bar no hall de um hotel prestará um serviço de relax para seus hóspedes, então, o que esse cliente desejando encontrar ali. Ele poderá estar sem documentos, sem carteira, e deseja tomar um drink – essa poderia ser uma situação. Ou ele poderá estar ali esperando um amigo para jantar junto, o amigo não está hospedado no hotel, mas virá com seu próprio carro, deverá estacionar, se identificar etc. O que nós como empresários e CEO desse hotel podemos fazer para deixar essa jornada o mais agradável possível?

Essa técnica possibilita que toda a jornada seja detalhada e possamos colocar atenção nos detalhes. Suponha que esse amigo teve que estacionar o carro distante da recepção e estava chovendo forte e ele estava acompanhado da esposa que usava sapatos de salto alto e o piso do estacionamento era coberto com pedriscos. Qual será a experiência dessa senhora ao finalmente chegar no "American Bar" do lobby?

O fatiamento faz com que percamos a visão holística do processo, no entanto permite que ao colocarmos atenção em cada fatia da jornada ofereçamos um produto ou serviço adequado.

Suponha uma fábrica que venda um determinado produto, posteriormente o comprador enviará seus inspetores para validarem a qualidade e a performance desse produto. Como receberemos esses inspetores? Qual impressão desejamos causar nesses inspetores. Suponha que na recepção da fábrica haja uma TV 60 polegadas com os dizeres; Seja Muito Bem-Vindo fulano de tal (inspector do nosso cliente....). Que tal?

Pilar 10 – Monitoramento

Após fecharmos um negócio é preciso monitorá-lo, acompanhar o desempenho da entrega e medir constantemente a temperatura do cliente.

Influências mínimas ocorrem no processo e se nos mantivermos distantes, sentados no escritório, não iremos captá-las, é preciso interagir até para o nosso próprio aprendizado e crescimento.

Muitas empresas se utilizam de KPI's (Key Performance Indicator), ou seja, indicadores chaves de desempenho, os quais podem ser dos mais variados tipos e podem estar conectados com o pós-venda. (vale mencionar que se estivermos diante de um não brasileiro a pronúncia de KPI será "Kei Pi Ai", a confusão normalmente ocorre na pronúncia da letra "K", que em inglês é "Kei" e a pronúncia de "Key" é "ki"). Nós brasileiros nos confundimos.

O que medir? Bem, o céu é o limite, a grande dica é medir aquilo que vale a pena ser medido para não nos perdermos em dezenas de índices e gerarmos mais trabalho para controlar os próprios índices do que as melhorias significativas que os processos estejam exigindo.

Algumas empresas já descobriram a importância do monitoramento de seus produtos após as vendas concretizadas, num exemplo, a General Eletric aluga turbinas para aviões e remotamente controlam o desempenho de suas turbinas, indicando manutenções, atualizações etc.

Churn Rate

O "Churn Rate" é um ou vários índices utilizados por empresas para medir a razão entre a entrada e saída de variáveis.

Pensemos numa cachoeira:

A água que desce pela rocha mais alta, forma um pequeno lago e corre para um riacho. Pensemos que a água que desce pela rocha refere-se aos pedidos de entrada de uma empresa, o lago é a empresa, e a água que corre para o riacho seja o cancelamento de pedidos. Assim, podemos criar diversos índices com essas duas variáveis, pedidos de entrada e cancelamentos, por exemplo, computar essa razão em valores absolutos, em números de pedidos etc.

Empresas que vendem por assinatura utilizam com maior frequência o "Churn Rate". Suponhamos uma empresa como a Netflix o quão importante é computar o número de assinantes com o número de desistências das assinaturas.

O monitoramento é de igual importância também para esse tipo de empresa. Suponhamos que as assinaturas estejam crescendo, no entanto, após verificação – por exemplo – os usuários não estejam baixando filmes. Algo está errado, precisamos dessa informação com antecedência para agirmos, pois, haverá um período que os cancelamentos começarão a aparecer, portanto, antes que eles ocorram o monitoramento deve criar e executar um plano de ação.

Observamos que dependendo do negócio ele possui historicamente padrões de "Churn Rate" o que irá auxiliar as medidas de correções para eventuais desvios, além de acender a luz amarela quando as taxas apontarem para áreas que não queremos.

Reuniões
Reuniões para monitorar o que está ocorrendo são fundamentais, para ganharmos produtividade sugerimos alguns tópicos descritos no tópico Scrum, por exemplo, a metodologia Scrum sugere reuniões rápidas, diárias e pela manhã com foco em pessoal de TI, fabrica etc.

Outras reuniões são muito convenientes como as MMM – Monday Morning Meetings onde são traçadas as diretrizes para o comercial. Aqui incrementamos (sugerimos) essas reuniões com melhorias contínuas e riscos de sorte a alinhar o comercial com o restante das estratégias corporativas.

Comendo pelas Beiradas

Nas reuniões de planejamento de vendas sempre colocamos a meta anual, e não raro para os próximos anos com menos detalhes.

Nas reuniões sobre inovação, não temos a mesma pegada, desejamos inovar, temos um objetivo e o perseguimos.

A proposta é ter uma visão de curto de prazo em linha com o mundo V.U.C.A., ou seja, estamos performando a fase I? Sim ou Não. O tempo que tínhamos no passado para tomar outras direções e corrigir desvios foram encurtados, portanto, o monitoramento para todas as áreas deve sofrer o mesmo impacto.

Aqui faremos uma sugestão; ao terminar de descrever todo o receituário criamos um mapa estratégico, uma espécie de juntada para que a visão holística se torne simples.

Sabemos que os números são e continuarão sendo importantes, então, diante das variáveis que mencionamos no Exercício Mapa Estratégico 2, o leitor poderia criar uma curva colocando no eixo "X" todas as variáveis e no eixo "Y" o incremento no "budget" que alcançamos com uma determinada ação.

Como propomos que essas reuniões sejam mensais teríamos um acompanhamento online de nossas iniciativas, decidindo se elas devem ser continuadas, ajustadas ou suspensas.

Pilar 11 – Inove
O mundo sempre mudou, mas não na velocidade atual.

Os recursos são cada vez mais escassos, então, países como o Brasil precisam pensar "dentro da caixa". Ou seja, com o que temos, como podemos fazer mais?

É escrever que devemos ser mais inovadores com um sistema burocrático sem parâmetros, falta de infraestrutura e uma carga tributária das mais alta do planeta. Pois é, quando começamos escrever esse receituário sabíamos que não seria fácil. Mas, há uma luz no final desse túnel, a conscientização das lideranças é cada vez maior e povo está cada vez mais consciente sobre o poder do voto.

Podemos inovar nossos 1. produtos e nossos 2. serviços e podemos inovar como 3. comercializamos nossos produtos e nossos serviços.

Observem que a tarefa é árdua, pois, na outra ponta temos o cliente que deverá nos remunerar por esses movimentos. Não basta inovar, é preciso colocar a inovação em algo que seja vendável.

No entanto, devo dizer que é possível, e escrevo essas palavras com base em minhas caminhadas pelo mercado.

Essas três abordagens sobre inovação podem ser executadas em três níveis diferentes e estão aí na literatura aos baldes. Ou seja, 1. Nível do processo, 2. Nível da franja ou limite de nossos segmentos de mercado, 3. Nível fora das amarras de nosso mercado, ou seja, partimos para o radical – o que é lógico muito mais complexo, mas também onde o pote de ouro estará.

Vale mencionar que confio em "insights", mas "insights" de quem conhece o mercado, possui experiência e está com o umbigo no balcão há muito tempo. É muito difícil termos "insights" ou ideias revolucionárias diante de um segmento totalmente desconhecido por nós.

Há alguns movimentos pequenos como a FIESP e a NOKIA trabalhando juntas ao SENAI para incutir a mentalidade de inovação em nossos jovens. Todavia, esses movimentos são pequenos, é preciso Mais Brasília e Menos Brasil, o mercado por si só não inovará, em geral o que deve ocorrer é a compra das melhores empresas nacionais pelas multis, e a eventual vinda das multis para cá executando montagens.

A inovação tem mostrado que não basta ser inovador ou mesmo sair na frente da concorrência. Talvez, um exemplo que todos conheçam e que não deu certo, apesar de ser inovador e sair na frente foi o Segway, os veículos de duas rodas como objetivo de deslocar pessoas dentro de shoppings e calçadas.

Esses monstrengos pesados e caros, apesar de inovadores encontraram o seu final. Veja, o problema persiste, uma empresa que possa construir algo mais leve, mais barato e mais bem adaptado às calçadas poderá fazer enorme sucesso. Ou seja, não basta ser inovador e legal é preciso ter aplicabilidade em harmonia com as necessidades do mercado.

Temos aqui uma série de matérias/entrevistas sobre inovação caso tenha curiosidade.

https://drzerocost.com.br/2019/10/radio-trianon-29-10-2019-programa-gente-que-fala-saude-moda-livros-inovacao/

https://drzerocost.com.br/2019/08/mp-881-o-diferencial-de-uma-empresa-a-inovacao-entrevista-a-radio-wolf-em-14-08-2019/

https://drzerocost.com.br/2019/06/da-porteira-para-fora-109-jornal-tribuna-liberal-de-30-06-2019-inovacao-14/

https://drzerocost.com.br/2019/06/da-porteira-para-fora-108-jornal-tribuna-liberal-de-23-06-2019-inovacao-13/

https://drzerocost.com.br/2019/06/da-porteira-para-fora-107-jornal-tribuna-liberal-de-16-06-2019-inovacao-12/

https://drzerocost.com.br/2019/06/da-porteira-para-fora-106-jornal-tribuna-liberal-de-09-06-2019-inovacao-11/

https://drzerocost.com.br/2019/06/da-porteira-para-fora-105-jornal-tribuna-liberal-de-02-06-2019-inovacao-10/

https://drzerocost.com.br/2019/05/da-porteira-para-fora-104-jornal-tribuna-liberal-de-26-05-2019-inovacao-9/

https://drzerocost.com.br/2019/05/da-porteira-para-fora-103-jornal-tribuna-liberal-de-19-05-2019-inovacao-8/

https://drzerocost.com.br/2019/05/da-porteira-para-fora-102-jornal-tribuna-liberal-de-12-05-2019-inovacao-7/

https://drzerocost.com.br/2019/05/a-mp-liberdade-economica-inovacao-entrevista-a-radio-wolf-em-08-05-2019/

https://drzerocost.com.br/2019/05/da-porteira-para-fora-101-jornal-tribuna-liberal-de-05-05-2019-inovacao-6/

https://drzerocost.com.br/2019/04/da-porteira-para-fora-100-jornal-tribuna-liberal-de-27-04-2019-inovacao-5/

https://drzerocost.com.br/2019/04/da-porteira-para-fora-99-jornal-tribuna-liberal-de-21-04-2019-inovacao-4/

https://drzerocost.com.br/2019/04/da-porteira-para-fora-98-jornal-tribuna-liberal-de-17-04-2019-inovacao-3/

https://drzerocost.com.br/2019/04/da-porteira-para-fora-97-jornal-tribuna-liberal-de-07-04-2019-inovacao-2/

https://drzerocost.com.br/2019/03/da-porteira-para-fora-96-jornal-tribuna-liberal-de-30-03-2019-inovacao-1/

https://drzerocost.com.br/2019/01/previdencia-inovacao/

Inovação Aberta.
Esse é um tema que ganha cada vez mais espaço no século XXI, as empresas possuem recursos, mas nunca o suficiente para fazer frente para todas as suas necessidades. Então, lançar desafios fora de sua porta de entrada é uma excelente estratégia.

Observamos que desde o final de 2019 temos a crise do COVID-19, então, como incentivar um empresário a investir em inovação se não há nenhuma garantia de retorno? Assim, a inovação aberta se fortalece.

Como os custos operacionais são onerosos, manter pessoal altamente capacitado dentro da estrutura pode ser inviável, assim, é possível contratá-los ou requisitá-los no mercado. No entanto, é preciso que o problema seja identificado e que se saiba ou tenha uma noção do tempo necessário para resolvê-lo.

Para contratar um serviço externo na maioria das vezes o dirigente deve ser inteligente, pois, a sua solução pode não ser trivial. Suponha uma sala de cirurgia, um bom hospital deverá ter estatísticas sobre pacientes perdidos e pacientes recuperados. O menor tempo possível que um paciente permanece aberto, maiores as chances de sucesso na cirurgia, pois, a exposição a vírus, bactérias etc. é reduzida.

Suponha, hipoteticamente, um CEO de hospital que contrate uma equipe de troca de pneus da Ferrari na fórmula 1. Por quê? Imagine o quanto esse time treina os movimentos físicos, imagine o quanto esse time estuda e adequa a disposição dos equipamentos necessários a troca de pneus, imagine a coordenação síncrona dos movimentos, pois bem, imagine o quanto essa metodologia seria eficaz numa sala de cirurgia. Vamos lembrar que essa equipe troca 4 pneus em menos de 3 segundos, parece inimaginável.

Produtividade

Países ricos atingiram patamares onde suas indústrias dominam as fronteiras da tecnologia e da produtividade.

Essas indústrias passaram por um processo de evolução e atualmente possuem grandes somas de recursos além de segredos industriais a "7 chaves".

Países pobres precisam encontrar seu próprio caminho, vale dizer que no caso brasileiro essa trajetória ficou interrompida na década de 80 e até 2020 não encontramos um caminho para desenvolver a indústria local, ou não temos um planejamento para tal. Assim, segmentos de mercado devem ser definidos por dirigentes de governo, e temos que fazer mais com menos em todos os níveis das nossas estruturas internas e externas. Portanto, com o que está disponível a sua volta como é possível extrair o máximo? Como é possível extrair o seu melhor de você? E para sua empresa?

Como podemos saber se estamos ou não mais produtivos? Se selecionarmos alguns anos do passado, num exemplo, ano 2000, 2005, 2010, 2015, 2020 e dividirmos o faturamento da empresa numa moeda constante pelo número de colaboradores podemos medir nossa evolução através desse índice. Ou seja, estamos faturando mais ou menos por funcionário? Se nossa produtividade estiver aumentando, fruto de nossas inovações, há uma grande chance de estarmos na direção correta.

O aumento da produtividade implica concluir que estamos nos tornando mais competitivos, o que no mundo atual é uma necessidade.

Obviamente devemos ter ciência de alguns vieses, exemplo, o fato de uma empresa, cidade ou pais se tornar altamente produtivo não implica concluir que seus colaboradores, funcionários etc. estejam aumentando sua renda per capta. Muito provavelmente a produtividade da cidade de Manaus seja muito superior a dezenas de cidades, o que não implica concluir que a renda per capita por lá seja alta. Em outras palavras podemos ter um país rico com uma população pobre.

A produtividade também depende diretamente dos meios de produção. Vamos a um exemplo particular, na década de 80 eu trabalhava numa multinacional cuja matriz ganhou um contrato de milhões de dólares e não possuía profissionais o suficiente para produzir aquele contrato, então, ela solicitou ajuda das filiais e diversos países enviaram colaboradores. O contrato foi performando adequadamente e ao final para nossa surpresa os colaboradores brasileiros, os únicos, receberam propostas para trabalhar na matriz. Detalhe: nenhum deles falava o inglês, ou o idioma do país. No entanto, os coordenadores do contrato mediram durante essa maratona a produtividade de todos os colaboradores envolvidos no contrato, inclusive dos trabalhadores locais e a conclusão foi; os brasileiros tiveram a melhor produtividade.

Essas funções foram esmiuçadas da década de 80 para cá, exemplo, filmaram-se movimentos, aperfeiçoaram os movimentos dos colaboradores, registraram, analisaram e, hoje, nos países desenvolvidos elas são cada vez mais desempenhadas por robôs.

A mudança para a indústria I4.0 joga por terra salários baixos, ou seja, não é possível competir com as máquinas e países que não enxergam essa mudança estão condenados ao atraso.

Nesse tema temos sugerido uma participação mais efetiva do governo brasileiro. A pequena e média indústria ou mesmo muitas das grandes não possuem capacidade financeira para elevar sua produtividade e competir de peito aberto com os titãs lá de fora. Por isso temos sempre essas discussões infindáveis sobre o nosso atraso. O governo brasileiro possui Agências Reguladoras o que é muito bom, talvez, o papel dessas Agências pudesse ser ampliado. Como? De maneira tal que elas possam exigir contrapartidas das grandes empresas no que tange ao desenvolvimento de tecnologia e por tabela a elevação dos índices de produtividade.

A produtividade nos países ricos não é constante ao longo dos anos, trabalhos relacionados ao G-7 (EUA, Canadá, França, Alemanha, Reino Unido, e Japão) podem ser encontrados gratuitamente no site da OCDE Organização de Cooperação e de Desenvolvimento Econômico.

https://www.oecd-ilibrary.org/search?value1=productivity+trends+in+g7+countries&option1=quick

search&facetOptions=51&facetNames=pub_igold_facet&operator51=AND&option51=pub_igold_facet&value51=%27igo%2Foecd%27&publisherId=%2Fcontent%2Figo%2Foecd&searchType=quick

O que essas curvas têm demonstrado é: quanto mais tecnológico mais a produtividade cai (você não leu errado). Como estamos na periferia do mundo acredito que podemos deixar algum problema para o 1º escalão resolver. Além disso por aqui temos tantos processos a serem melhorados que isso já é o bastante para nos ocuparmos.

Um outro ponto que talvez não saibamos considerar ou medir é o aumento da produtividade com tecnologias que se incorporaram ao nosso dia a dia e que nos parece complexo medir o quanto ganhamos em termos de produtividade.

Exemplo, algumas empresas no Brasil prestam o seguinte serviço para idosos, disponibilizam um relógio de pulso, com um botão. Caso o idoso sofra uma queda, um mal estar ele aperta esse botão e uma ambulância irá buscá-lo rapidamente e o levará para um hospital que ele já determinou no seu cadastro e contratação dos serviços. O sistema funciona, mas a questão é o quanto ganhamos em termos de produtividade em relação ao modus operandi anterior?

Ou, se pensarmos nos aplicativos disponíveis em nossos "mobiles" o quanto muitos deles melhoraram nossa produtividade?

Hoje como medir a produtividade? Talvez, fatores isolados não sejam suficientes. Por tal, temos o MFP – Multifactor Produtivity.

Auto Atendimento

Os bancos no Brasil são um exemplo típico de ganho de produtividade através do Auto Atendimento, a indústria ou mesmo segmentos de serviços e até o varejo se valem atualmente dessa facilidade para incrementar a produtividade.

Nesse processo o pagamento online ganhou projeção mundial, assim, facilitar o pagamento de um bem ou serviço além de diminuir a inadimplência gera conveniência para o cliente.

Lean

O Lean é também conhecido como o Sistema Toyota de Produção e existem dezenas de livros sobre o tema, sobre como a Toyota saiu lá do Japão e penetrou no mercado dos EUA, um mercado automobilístico dos mais competitivos e abocanhou uma boa fatia.

O Lean Manufacturing é a fabricação enxuta, ela busca eliminar os desperdícios, a saber: Superprodução, Tempo de Espera, Transporte, Excesso de Processamento, Inventário, Movimento e Defeitos. Ou seja, se cumpridos esses passos a qualidade é incrementada e o custo diminui. Ferramentas utilizadas: Kaizen, produção "pull" Kanban, e processos a prova de falhas Poka-Yoke.

Seis Sigmas

Vem do inglês Six Sigma (em inglês) desenvolvida pela Motorola para melhorar processos e por consequência a produtividade.

Defeitos são nominados pela qualidade como uma "não conformidade" O Six Sigma prioriza resultados, desde que sejam planejados, então, o foco também é financeiro.

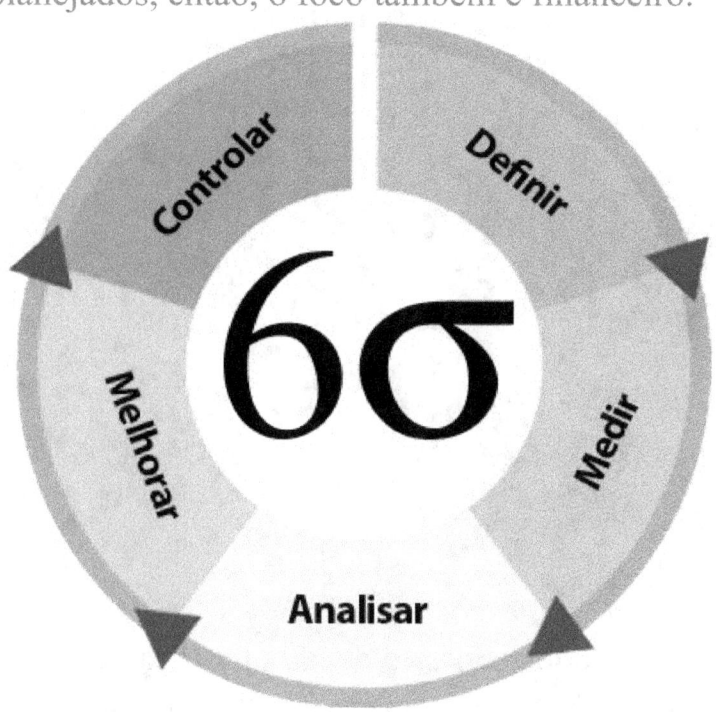

5S

O 5S é uma metodologia japonesa, muito útil para manter as coisas organizadas, e é obvio, onde existe organização perde-se menos tempo e ganha-se produtividade.

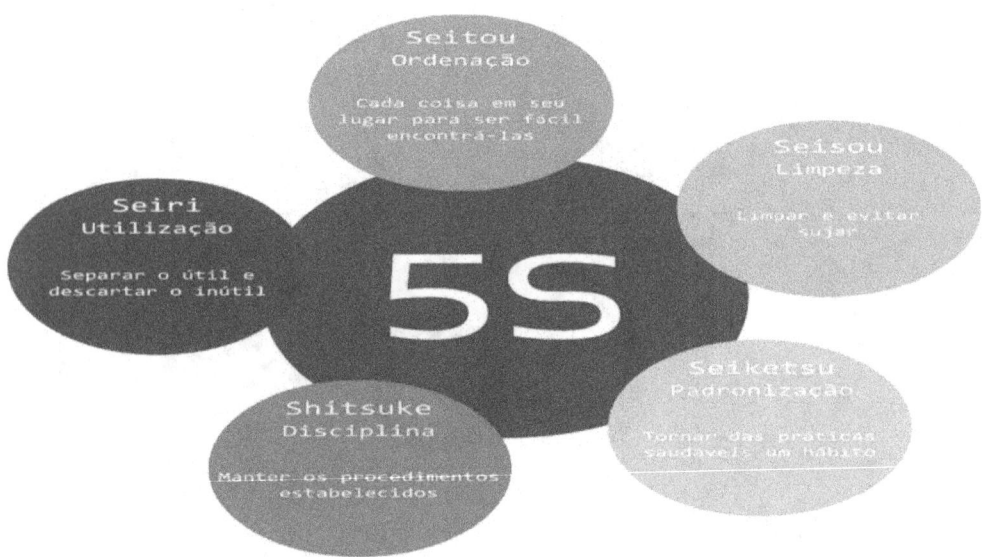

Em linhas gerais todo escritório deveria ter uma pessoa responsável pelo 5S, trata-se de uma posição cumulativa e que deve ser repassada para outro colaborador a cada ano. Um ambiente limpo e organizado é bom para todos.

Conceito	Objetivo

Separar o necessário do desnecessário	Eliminar do espaço de trabalho o que seja inútil
Colocar cada coisa em seu devido lugar	Organizar o espaço de trabalho de forma eficaz
Limpar e cuidar do ambiente de trabalho	Melhorar o nível de limpeza
Tornar saudável o ambiente de trabalho	Prevenir o aparecimento de supérfluos e a desordem
Manter a Rotina e padronizar a aplicação dos S anteriores	Incentivar esforços de aprimoramento

Scrum

O Scrum é muito utilizado para grupo de trabalho de TI – Tecnologia da Informação, no entanto, nada impede que a metodologia seja aplicada em outras atividades. A grande sacada é proporcionar agilidade ao processo, toda manhã se reuni o time, em pé, por 15 minutos, sana-se as dúvidas, se revisa as atividades do dia e vamos em frente até o dia seguinte.

Vendas

Sim, é possível ser mais produtivo em vendas. Para tal, devemos criar um "frame" e as variáveis expostas em CLIENTENLIGÊNCIA é a receita.

A performance do time deverá ser medida, no entanto, caso se utilizem de índices como os KPI's, a dica é poucos e representativos índices, uma vez que burocratizar o time de vendas não é uma estratégia inteligente.

O time de vendas deve conhecer em profundidade os diferenciais de nossa oferta, caso contrário é melhor não se expor.

As vantagens de um determinado produto podem não ser válidas em outras regiões geográficas, assim, alguns cuidados se fazem necessário. Portanto, o time de vendas deve saber posicionar essas vantagens em seus respectivos nichos e saber se sabemos ou podemos fazer algum lucro.

Nossas vantagens podem e devem ser planejadas com base em dados coletados e experiências empíricas. Por tal, a experiência de campo deve ser sempre analisada com critério.

Se sabemos exatamente quais são nossas vantagens ou diferenciais é aqui que iremos colocar nossos esforços tanto em termos de recursos para o portifólio como na estratégia para performar nossas vendas, não será em outro local.

Assim, como no início desse e-book apresentamos a o "Por Quê" da empresa e pedimos para que todos estivesse alinhados, agora, perguntar para aqueles envolvidos nesses processos quais são nossos diferenciais e onde estamos fazendo o lucro, devemos encontrar as mesmas respostas, caso contrário: Houston we have a problem.

Algumas empresas possuem a forte cultura de mudanças, nossa dica aqui é mover-se dentro de seu segmento de mercado para ganhar sinergia.

No entanto, empresas que simplesmente investem para maximizar lucro pode ter um referencial diferente. Mas, ali numa fábrica que fabrica um determinado produto é muito difícil fazer lucro num segmento totalmente diferenciado daquele que está acostumada a operar.

Isso não implica dizer que ela não possa e não deva fazer movimentos forte, suponha um fabricante de coador de pano, o que aconteceu com ele se não migrou para o papel e depois, quem sabe para as capsulas descartáveis? Fabricar cápsulas e coador de pano, mesmo não sendo expert no tema, convenhamos há um grande salto.

Se esse fabricante de coador de pano tinha em seu DNA a inovação, as chances dele fabricar capsulas e capturar grande fatia do mercado foi incrivelmente maior que seu concorrente não acostumado a exercitar a musculatura no campo da inovação.

Muitas vezes essa cultura muda repentinamente com a contratação de um novo CEO que irá injetar oxigênio novo na estrutura. No entanto, isso não significa concluir que ele não irá enfrentar duras batalhas internas contra os guardiões de suas posições consolidadas e enraizadas na estrutura.

Observem quantos CEOs passaram pela presidência da República do Brasil, eram todos corruptos? Não acredito, mas a velha estrutura está aí, é como se fosse um vírus mutável que se renova e permanece impregnado nas entranhas da organização vendendo facilidades questionáveis.

Learning Machine

Temos visto os países desenvolvidos caminharem na direção da Inteligência Artificial, numa velocidade sem precedentes.

Obviamente que eles irão incrementar produtividade e aquelas indústrias que não se alinharem serão expulsas do mercado.

O ruim dessa história é que se trata do segredo de polichinelo, nós sabemos disso e nossos concorrentes também o sabem.

Quando uma tendência como essa já demonstra ser o caminho a ser percorrido pelos demais "players" do segmento, é fazer, ou é fazer. Denominamos ou convencionamos denominar de "mainstream", ou seja, esse é o novo normal, a corrente dominante. E aqui estão as correntes no "Learning Machine" e "Artificial Intelligence".

Distribuição dos Recursos / Portifólio
Onde vamos colocar os nossos ovos? Onde iremos investir?

Dentro das organizações está claro ou deveria estar claro que há necessidade de maior cooperativismos entre os profissionais dirigentes e a necessidade do abandono de silos humanos. O envolvimento em projetos e missões com pessoas de diferentes áreas é um bom caminho para a quebra dessas barreiras. Para tal, os dirigentes devem ser capazes de esclarecer o objetivo maior. Como propor e o que propor? Além de promover algum rodízio interno por projeto/missão. É preciso propor algo simples, de fácil compreensão. E, não se deter num objetivo pouco inteligente do tipo: "precisamos vender "x'"; Não!

É preciso definir algo concatenado que agregue valor ao cliente e o cliente nos retribua com elogios, satisfação e compras dentro de nosso budget, ou seja, "x".

Quando mencionamos o cliente como centro de nossas atenções, significa dizer que nossos recursos internos devem ir (majoritariamente) para produtos e serviços que atendam essa clientela foco, e os clientes que realmente pagam o almoço.

Essa colocação ou sugestão parece óbvio, mas na prática não é nada óbvio. Motivo: os dirigentes que se sentam à mesa para tomar decisões possuem forças desproporcionais e arrastam o pêndulo (orçamento) para o seu lado.

Vamos supor que iremos discutir aumentos salariais, e o CEO é amigo do time do diretor da qualidade, há aqui um viés para esse diretor ser de alguma maneira favorecido.

Se a qualidade implica de tal sorte a influenciar no resultado da empresa, então, nada mais justo. No entanto, se por alguma razão esse diretor da qualidade se ausentar por 3 meses e nada ocorrer no resultado da empresa, então, esses recursos deveriam ser ancorados em outras áreas.

Uma maneira inteligente sobre a distribuição de recursos é criar um KPI, um índice que nos indique, por exemplo, investimento em R&D / lucro gerado para aquele produto, para aquele serviço, para aquela linha de desenvolvimento.

Definir KPI é simples, definir KPI inteligente é complexo. No varejo podemos definir, por exemplo, vendas / m2 ou índice de giro do estoque. Se sabemos onde estão os melhores retornos, fica mais fácil definir onde colocar recursos.

O time do comercial pode e deve nos ajudar muito a definir onde devemos colocar os recursos. Por quê? Porque eles estão no "front" e se bem orientados devem retornar com informações sobre as reações do mercado.

Observamos que a rapidez como o mercado se movimenta é veloz. Então, pensemos na alocação de recursos, se no final de ano nós executamos o "budget" de vendas e alocação de recursos, será que durante o ano corrente vindouro essas caixinhas irão se modificar?

Acreditamos que sim. Nada simples, não é? Além disso não importa o tamanho da empresa, os recursos sempre são escassos, é impossível executar tudo que se pretende ou se necessita. Então, vamos precisar sacrificar algumas áreas de negócios e privilegiar outras, o processo não é e não pode ser democrático, pois, o retorno sobre o capital investido que cada área de negócio contribui para o todo difere devido as condições mercadológicas.

Um outro tema que poderia se encaixar aqui são os Orçamentos Base Zero, ou seja, elegemos uma determinada linha de produto ou serviço e iniciamos o "budget" com uma página em branco. Quem já passou por isso sabe o trabalhão que dá, quem não passou, um dia irá passar.

Um dica que alguns autores nos deixam sobre esse tema a fim de evitar horas e horas para a execução do OBZ é escolher determinadas da empresa, determinadas áreas de negócio e exigir dessas áreas o OBZ, assim, não paramos a empresa para se dedicar ao tema, no próximo ano elegemos outras áreas e assim sucessivamente até completar o ciclo completo, digamos, em 5 anos (sugestão).

Escrevemos cerca de 14 matérias sobre esse tema sendo a 1ª delas https://drzerocost.com.br/2018/11/da-porteira-para-fora-76p-jornal-tribuna-liberal-de-11-11-2018-obz-e-obh-1/ Aqui aprofundamos o tema do OBZ e o OBH Orçamento Base Histórico para aqueles que desejarem se aprofundar.

Dica 1.) Marcar reunião com o tema: Onde podemos diminuir Gastos. Se formos bem sucedidos nessa reunião podemos economizar recursos e aplicá-los onde as chances de retorno são maiores.

Exercício 1 De >> Para >> Onde Estamos

Aqui cumprimos mais da metade de nosso percurso, assim, propomos a criação de uma reunião interna a cada 2 meses para averiguação da cultura da empresa. Algo como: De >>> PARA. Onde DE = Onde estávamos e PARA = onde queremos chegar.

Exemplo:

DE	PARA	Onde Estamos?
Forte hierarquia	Diversidade e acolhimento de opiniões. Matricial ou Hélice?	
Comando e Controle	Conquista e Engajamento / Incremento da confiança no time	
Excesso de regras	Diretrizes e conceitos de como os problemas devem ser resolvidos	
O chefe brilha	Todos brilham	

Exercício 2 Pilares da Clienteligência na vida real

Suponha que iremos nos reunir com um cliente importante, que possua o poder de decisão para assinar uma ordem que muito interessa a nossa companhia. Listando os pilares da CLIENTELIGÊNCIA quais alavancas você acionaria mentalmente antes de partir para essa reunião?

04 CLIENTELICIDADE

Desejamos que nossos clientes fiquem felizes com nossos produtos e/ou nossos serviços. Então, o que fazer?

Temos aqui 4 pilares;

Observe que definimos por quê iniciamos essa empreitada, depois definimos como iríamos nos comportar diante de nosso cliente (interno/externo) e cá estamos para definir o que iremos fazer, ou seja, o operacional. A "entrega" tanto deve ser estudada e planejada para uma "empresa.com", como para uma ONG, ou mesmo para um órgão de governo, a diferença está no objetivo dessas formas de organização, cujos objetivos são na maioria das vezes descritos no estatuto.

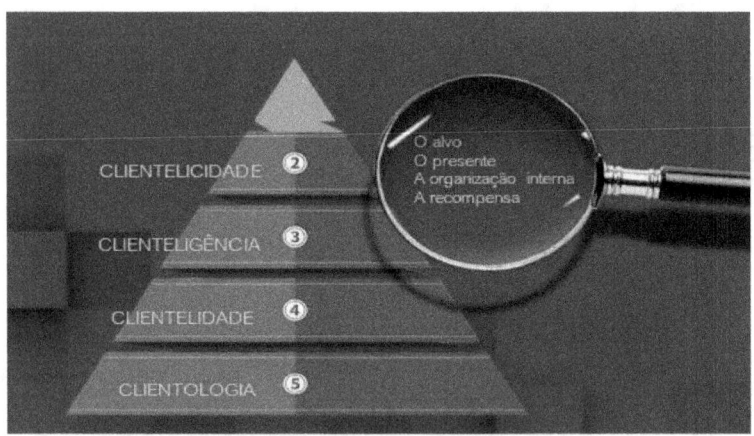

Pilar 1 – Alvo

Nessa fase devemos definir o que desejamos.

Qual é o nosso objetivo operacional?

A definição do alvo dependerá de cada empresa e do momento que ela atravessa, num exemplo, podemos desejar diminuir a inadimplência, podemos desejar aumentar as vendas, podemos desejar aumentar nossa margem, podemos desejar aumentar a força da marca etc.

Vale comentar que o objetivo é composto de metas, e essas devem ser mensuráveis. Exemplo, o objetivo será diminuir a inadimplência (não mensurável), e as metas serão, diminuir em 3% a inadimplência na linha de produtos A, diminuir em 5% a inadimplência na linha de produtos B etc.

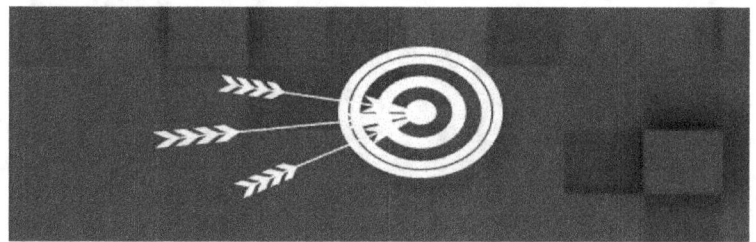

Quando definimos o que desejamos, todas as demais ações devem compor a nossa estratégia. Por tal, é fundamental desenhar com clareza esse ponto. Aqui as pessoas que fazem parte dos "stakeholders" compram a ideia e seja lá qual for sua contribuição deverá ser no sentido de alcançarmos o alvo. (podemos definir aqui stakeholders como público estratégico).

Observemos a importância da clareza do alvo, ele deve ser simples, conciso, e entendível por uma criança de 12 anos. Exemplo: "O Brasil irá colocar um brasileiro na Lua e retornar" plágio, mas verifique que se você estivesse lá trabalhando no serviço de limpeza e alguém lhe perguntasse o que está fazendo, ele poderia perfeitamente responder: Estou ajudando um brasileiro ir até a Lua. Assim, o serviço que ele executa, livrar carpetes de ácaros e outros contaminantes estará alinhado com a missão maior.

Em tempos de pandemia precisamos nos perguntar se nossa estratégia deve ser uma extensão da nossa história? Por quê? Porque o mundo sofreu um solavanco, o "status quo" foi balançado, o amanhã poderá não se interessar pelas mesmas soluções passadas. E aí? Qual a nova estratégia?

Desconstruir o passado será essencial, mas até que ponto podemos fazê-lo? Temos uma limitação: o caixa, ou os recursos da empresa, sem eles ou um "anjo" não realizaremos muitas conquistas. O futuro, sim, deverá ser reinventado no presente, e os líderes futuristas devem antever onde suas empresas estarão posicionadas nos novos cenários.

Hoje, como as mudanças mercadológicas são constantes devemos ter estratégias claras, mas os planos para atingi-las devem oferecer oportunidades para mudança ágeis de rumo.

Budget

Embora, possamos escrever páginas e páginas sobre o "Por Quê" do dirigente e isso é importante, o que conta no final do dia é o Budget, o orçamento. Ele foi atingido, foi superado, tivemos lucro?

Assim, arriscar seu próprio pescoço parece não ser muito inteligente por parte de dirigentes, portanto, eles podem forçar números altos na estrutura abaixo dele e serem um pouco mais conservador junto ao Conselho. Trata-se de defender seu próprio umbigo, muito embora, com as atuais ferramentas tecnológicas essas práticas tendem a diminuir, pois, os números são controlados e registrados em ERP – Enterprise Resource Planing ou Planejamento de Recursos Empresariais (basicamente um sistema integrado de gestão que cada vez mais integra novos pacotes de dados).

1º Passo

Quantos de nós já participamos da confecção de um "budget" e a trabalheira que isso significa. Feito o "budget" parece que passou um rolo compressor por nós, precisamos de descanso. A alta cúpula o aprovou e estão todos satisfeitos. Bem, e aí? E aí que os primeiros passos são importantíssimos, estamos dentro do "budget"? estamos fora do "budget"? As empresas relaxam quando estamos fora do "budget" e deveria ser ao contrário, é melhor não ser tão detalhista no "budget" e cumprir o 1º período para que dê tempo de analisarmos se estamos ou não no caminho correto.

Pilar 2 – Presente

Não é racional definirmos no pilar 1 = "o alvo", por exemplo, aumentar as vendas sem oferecer um "presente" para o nosso cliente. É preciso entregar algo em troca, não necessariamente será diminuição de preço, aliás recomendamos que não seja.

Poderá, por exemplo, ser o encurtamento do prazo de entrega de nossos produtos, a diminuição de entregas com falhas, a elevação do SLA – Service Level Agreement etc.

Observamos que o cliente obrigatoriamente deverá valorar o presente recebido, ele deve percebê-lo. E, se não enxergar, deve ser educado para tal.

Sim, para que o cliente receba o presente, ele deverá estar de alguma maneira no nosso radar.

Como? Vai depender do tipo de produto ou serviço que vendemos, se vendemos algo customizado o relacionamento será uma estratégia importante, se vendemos produtos ou serviços para a grande massa, a propaganda será mais eficaz.

Com o avanço da tecnologia muito provavelmente boa parte do relacionamento com clientes será executado por máquinas.

Pilar 3 – Organização interna

O nosso time interno e nossos parceiros devem saber com clareza o que definimos como "entrega" para nossos clientes.

Com base nessa diretriz iremos organizar e fatiar essa força de trabalho de sorte que cada pecinha se encaixe num grande mosaico. Cada peça poderá ser uma pessoa ou mesmo uma unidade de negócio.

Todos devem saber onde queremos chegar, somos parte de um grande mosaico.

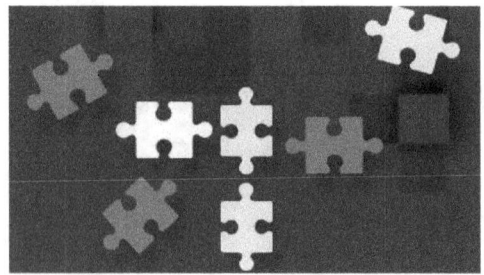

Pilar 3 – *Organização interna*

Essas peças devem ser adaptadas a cada tipo de negócio, suponhamos uma empresa que venda produtos e/ou serviços para o governo, ou onde qualquer mínima ação do governo afetará os negócios, nesse caso será fundamental uma peça dedicada a esse relacionamento/acompanhamento governamental.

Suponha, agora, uma unidade de plantão em um pronto socorro onde os serviços devem ser continuados, a cada mudança de equipe médica cada pecinha dessa equipe deverá estar ciente de tudo que está ocorrendo com cada paciente e com seus acompanhantes, os novos atores que estão assumindo o plantão deverão manter o mesmo SLA – Service Level Agreement. Como será essa passagem de bastão?

Pilar 3 – Organização interna

Para Qualquer empresa ou organização recomendamos que o início das reuniões seja ritualizado. Como? Há diversas maneiras, através de uma frase que coloque todos em sintonia, ou um filme com menos de 60 segundos, ou mesmo algum silêncio para que a adrenalina abaixe e todos façam um pensamento direcionado ao tema que será tratado na reunião etc.

Algumas reuniões devem ser executadas em pé, principalmente as reuniões diárias fortemente recomendas para o time de TI – Tecnologia da Informação, serviços de limpeza, linhas de produção, pequenos varejistas etc.

Pilar 3 – Organização interna

Atualmente e no futuro as reuniões serão em grande parte via vídeo conferência, o que não deverá inibir os rituais que caracterizarão a cultura da empresa.

Os encerramentos também devem ser seguidos por algo que indique o fechamento e que mantenha o moral do time em alta.

Suponha que tenhamos escolhido uma frase de abertura inicial, essa mesma frase deverá (poderá) terminar nossas reuniões. Pense num time de futebol nos vestiários antes de entrar em campo e executando algum ritual, todos juntos por um único objetivo, extrapole para o seu negócio.

Recursos Operacionais.

Os recursos operacionais são para fazer frente ao "presente" que devemos entregar ao cliente.

O ponto é: quem e quais recursos devem ser distribuídos junto aos colaboradores.

Vamos direto a um exemplo particular. À época eu trabalhava numa multinacional e pertencia a um grupo de elite. Elite significa dizer que éramos um grupo técnico com alto conhecimento sobre o produto e o produto extremamente sofisticado em relação aos produtos das demais áreas da empresa.

Um belo dia descobrimos que os gerentes de outras áreas e especificamente de uma área recebia salário muito superior ao gerente de nossa área (não foi bem assim, mas está valendo).

Bem, essa informação chegou aos ouvidos de nosso diretor que comprou a briga. Ele reuniu uma serie de dados e foi ter com o presidente, nós permanecemos ali, na retaguarda torcendo por uma boa notícia, mas ela não veio.

O presidente era extremamente educado, ouvia com sabedoria e ouviu toda as argumentações que eram corretas, não enfeitamos o pavão. No entanto, a resposta dele foi; "A área de negócios de seus meninos representam 2% do faturamento da empresa e 1,5% no lucro, a área que vocês se referem representa 85% do faturamento da empresa e 90% do lucro, a resposta é: Não, mas quando vocês se mostrarem mais representativos minha porta está aberta para voltarmos ao tema". Nunca votamos.

Mas aqui há uma luz que indica um caminho a ser perseguido pelas empresas, ou seja, investir mais recursos, seja em pessoal, seja em P&D, seja facilidades pertencentes a áreas que geram maior retorno. Não há razão para um CEO ser democrático ser as áreas geram diferentes resultados.

Outro exemplo, um time de KAM- Key Account Manager, onde um KAM responde sozinho por 50% das vendas, obviamente ele está com o cliente, ou os clientes mais importantes, então, deverá receber um salário diferenciado.

Em linhas gerais, uma grande empresa é formada por pequenas unidades de negócio com se cada unidade fosse uma pequena empresa, e essas pequenas empresas dentro de certos limites devem ter tratamento diferenciado.

Ou seja, aquelas que mais geram resultado devem ser mais bem recompensadas.

Caso a empresa possua um foco muito bem definido sobre o tema INOVAÇÂO essa área deve receber grande parte dos recursos, pois, esse será o futuro da empresa.

Pilar 4 – A recompensa

Suponha que tenhamos atingido o alvo, e sinceramente temos certeza que cumprindo as etapas anteriores atingiremos nosso objetivo. Parabéns!

Para atingi-lo todo um time foi movimentado na direção correta, nos organizamos e deixamos nosso cliente feliz.

Portanto, nada mais justo que os participantes sejam recompensados. Não recomendamos recompensas financeiras, dito isso, o céu é o limite.

Se você é um dirigente escolha algo memorável. Ações da própria empresa não nos parece algo muito atrativo.

Pilar 4 – A recompensa

Mudanças mínimas nas condições de trabalho podem e fazem grande diferença para o colaborador, exemplo, uma cadeira confortável onde ele passará muitas horas de seu dia, um ar condicionado adequado e eficiente, uma pequena área para "brainstorming" etc.

Quanto aos treinamentos esses costumam ser válidos e aproveitáveis se dedicados ao processo de fabricação ou execução dos serviços a serem vendidos pela empresa.

Todo e qualquer treinamento deve estar alinhado com o objetivo da empresa.

Pre-Mortem
Sim, o jogo pode ter um resultado favorável ao nosso adversário. E aí? A 1ª vez que escutei esse termo veio de um

palestrante de Davos, o pre-mortem é o contra ponto do post-mortem.

Depois, que o fulano veio a óbito o médico irá colocar na certidão o motivo. No entanto, nesse caso pouco ou quase nada é possível fazer.

O pre-mortem não são críticas para evitar o post-mortem, mas, sim, a suposição de que o fulano veio a óbito, ou o negócio deu com os burros na água como falamos no popular.

Quando iniciamos um projeto todos estão empolgados, no entanto, não é possível controlar todas as variáveis que iremos encontrar na execução de um projeto ou na implantação de uma nova estratégia. Muitas das variáveis são imprevisíveis, ou pelos menos seus efeitos sobre o projeto não podem ser calculados no instante do "Kick off". O próprio vírus é um exemplo, a guerra na Síria iniciada depois do vazamento de informações pelo WikiLeaks em 2011 etc.

Exercício Deu Errado!
 Nossa planilha está montada, a estratégia está posta e se der errado? O que faremos? Então, utilize esse exercício para colocar em "check" essa possibilidade e veja o que emerge desse "brainstoming".

Alguns comentários, ou suposições podem ser muito interessantes o que lhe dará condições de identificar problemas no início e com isso evitá-los.

Os comentários e considerações podem levar o grupo a ficar antenado sobre algo que até então não haviam pensado.

05 CONCLUSÃO

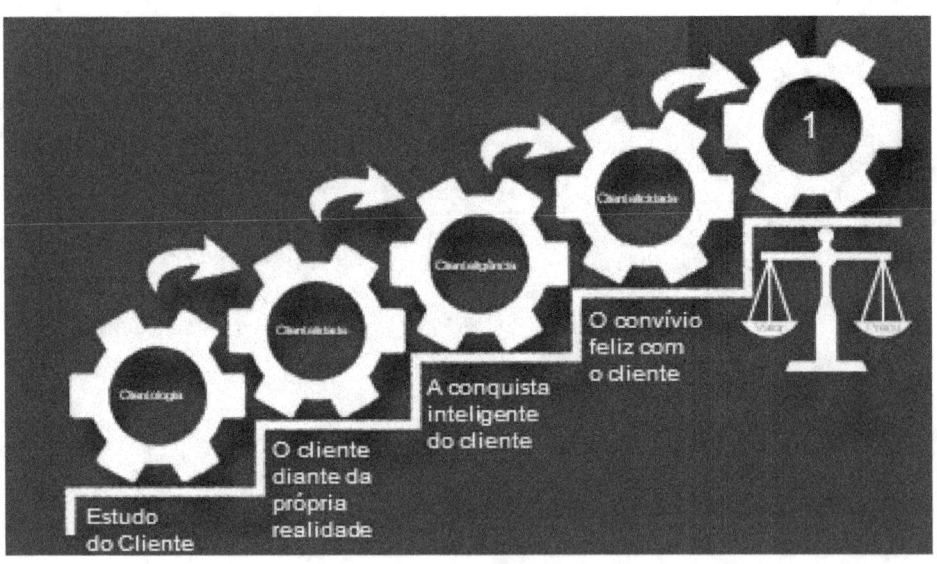

Geral

Se você chegou até aqui irá concluir que fornecemos nos parágrafos anteriores uma sólida estruturação para atacar segmentos de mercado e para manter-se nele com boas possibilidades de sucesso.

O receituário acima é perfeitamente transferível para desenvolver uma carreira profissional memorável.

No início a metodologia pode parecer complexo, mas lembre-se quando você decidiu tirar sua licença para dirigir automóvel; quantas atividades foram executadas ao mesmo tempo para colocar o veículo em marcha? Hoje, muito provavelmente, você não pense mais nelas apesar de dirigir muito bem.

Essa estruturação proposta ficará impregnada em você como algo indelével, você diante de um problema criará soluções nas situações mais inusitadas, por exemplo, tomando uma ducha e, de repente, encaixará parte da solução ideal nesse mosaico.

É claro que a maioria das empresas não atingem o céu de brigadeiro, e muitas delas estão satisfeitas onde estão até que um rolo compressor passe por cima delas.

Atingir um nível de excelência no mercado é trabalho duro, é preciso gostar do que se está executando, é preciso se movimentar corretamente segundo os ventos mais lucrativos, é preciso enxergar nossas empresas de dentro para fora e de fora para dentro.

Os movimentos mercadológicos podem ser divididos em simples e complexos, simples quando temos lá uma ideia tranquila de ser implementada e colhemos lucros, complexa quando essa ideia inclui uma série de variáveis, tantas, que muitas vezes nosso cérebro não será capaz de juntá-las. Aqui estará o pote de mel, e poucos irão se lambuzar.

Não podemos nos esquecer que mercados são mais ou menos regulados dependendo do país. No Brasil quando o processo de concessões teve início foram criadas em paralelo as Agências Reguladoras, as quais limitam as ações das empresas, o que reflete diretamente nos lucros apurados. Assim, dependendo do país e do mercado que iremos atuar, as forças externas pertencentes ao governo devem ser consideradas.

Mercados muito regulados possuem como vantagem a barreira imposta a novos entrantes, o que é um "plus" para os investidores que já estão inseridos nele. Num exemplo, suponha que um investidor deseje abrir um supermercado, obviamente deverá ter algumas licenças para operar, se esse mesmo investidor optar pela fabricação de produtos químicos o nível de exigência dessas licenças serão mais fortes limitando paraquedistas.

Suponha que um investidor do mercado de equipamentos médicos seja convidado a entrar no mercado de produção de tabaco, será que ele iria entrar? Embora, a regulação para o tabaco possa ser mais severa, isso não implica concluir que essa indústria seja menos lucrativa. E aí? Suponha que se trate de um investidor puro, cujo objetivo é o retorno sobre o capital investido.

Muito provavelmente encontraremos empresas do mesmo segmento, umas fazendo perdas, outras empatando e outras fazendo lucro. O que as diferencia? A estratégia e, a receita para escapar da armadilha do baixo desempenho está na metodologia exposta acima.

Sim, não há garantia que investindo num determinado segmento, tendo um bom time e excelentes recursos iremos atingir uma alta taxa de retorno sobre o capital investido. No entanto, nossas chances serão muito maiores do que aqueles que não podem contar com a robustez dessas variáveis.

Por fim vale comentar que a pandemia acendeu a luz do coletivismo, lembrando que não estamos sozinhos. A sociedade brasileira demonstrou acolhimento e se convenceu que estamos todos no mesmo barco, como numa roda de crianças, quando uma cai aquelas mais próximas são puxadas para baixo.

Então, é preciso diálogo entre a sociedade civil, os empresários, as universidades, e as instituições.

Precisamos que essas forças criem um Norte, um denominador comum para levar o Brasil ao nível dos países desenvolvidos. A sociedade brasileira está cansada da estagnação!

A pandemia.

A pandemia que nos assola não é a primeira e nem tão pouco será a última. Portanto, precisamos nos preparar para futuras turbulências, nessa preparação incluímos o governo brasileiro. E, pior, podemos ser alvos de uma 2ª, 3ª,. onda. E, aí? Como se planejar?

A pandemia acelerou alguns processos que já vinham sendo gestados pelas sociedades, e não há como escapar dos fracos sinais que o futuro nos enviou e continua enviando, vamos pinçar esses sinais:

- A tendência DIGITAL "go to digital", o comércio online e a I4.0. A tendência Go To Digital poderá satisfazer também aquele cliente que gosta de provar uma roupa etc. Por exemplo, imagine um provador digital onde os espelhos escaneiam o corpo do cliente e iniciam o processo de vesti-lo digitalmente proporcionando ao cliente uma experiencia única de experimentar todos os modelitos da loja em tempo recorde!

- A tendência para evitarmos investimentos que exijam ambientes com forte densidade demográfica.

- O abandono gradativo e seletivo do comércio tradicional, sinalizando novos modelos.

- A verdade! Não sabemos onde se encontra a verdade, é preciso garimpar entre muitos textos para entender o contexto. Devemos fazer uso de diversos canais de comunicação.

- A necessidade de reinvenção do segmento de seguros clamando por soluções urgentes.
Os tópicos mundiais já influenciam e influenciarão ainda mais no segmento de seguros. Vejamos a automatização, o tema dos veículos autômatos cada vez mais presente no 1º mundo e caminhando para os emergentes. Haverá diminuição de acidentes? Sim. Em caso de alguma ocorrência quem será responsabilizado?

Vejamos o tema das pandemias! Como enfrentar esse e outros vírus que estão a caminho?

Vejamos o tema das mudanças climáticas, a taxa de CO_2 ppm na atmosfera cresce toda década desde o início das medições (1959),

O aumento da temperatura média da Terra está sendo desrespeitado, o Acordo de Paris teve a importante baixa dos EUA e seguimos tranquilos como se esse não fosse um problema sério a ser enfrentado pelos países industrializados. Os exemplos são inúmeros, e o aumento do nível do mar (cerca de 23 cm desde 1880) trará consequências inimagináveis para cidades costeiras. E, a Flórida não irá ficar fora dessas catástrofes.

Não é preciso ser cientista para entender que se a temperatura média da Terra aumenta, as calotas polares são derretidas e as águas seguem para os mares. Portanto, aumento de volume.
Os mares têm sua temperatura aumentada pelo tema da temperatura média mais alta na Terra. Portanto, mais aumento de volume. https://www.noaa.gov/ Nacional Oceanic and Atmospheric Administration.

- Os sinais da educação a distância mostrando um caminho promissor.

- O adeus aos diplomas num mundo moderno que exige resultados comprováveis. De 1ª linha abrindo mão da entrega de diplomas, uma que vez o aluno ao se levantar dos bancos escolares já estará defasado.

- As energias renováveis sinalizando como deveria ser o futuro, se o ser humano desejar continuar vivo.

- O planejamento necessário para o aumento de estoques (parece loucura), mas aprendemos que os estoques devem trabalhar em níveis mais confortáveis – "Just in Case".

- A migração para excelentes ferramentas de vídeo conferência, e o futuro já sinalizando que colocará a holografia a nossa disposição.

- Os modelos mais modernos de celulares que temos hoje terão vida útil inferior a 2030, mudando totalmente de plataforma e conceito.

- Atualmente, tanto os clientes como os colaboradores percebem e mesmo exigem que as empresas adotem medidas preventivas de proteção pessoal. Novas medidas comportamentais e estruturais serão bem aceitas como ocorreu depois do 11 de setembro.

- O escancaramento que muitos dos colaboradores atuais (algo entre 20% e 30%) não necessitam se deslocar até os escritórios.

- A constatação que a saúde dos colaboradores que necessitam se deslocar até os escritórios e fábricas deve ser monitorada com frequência.

- O abandono do uso do petróleo.

- Três mulheres em três meses não conseguem gerar um filho que necessita de 9 meses para nascer. O mundo sempre mudou, mas não na velocidade atual, no entanto, mesmo na velocidade exponencial que vivemos muitos processos possuem seu próprio tempo e se não soubermos respeitá-los, vamos atrasar a nossa caminhada. É preciso combinar inteligência com sabedoria.

- Trabalhos e comunicação via remota para algumas atividades nos farão perder informações preciosas, esses processos & procedimentos deverão ser aperfeiçoados.

- Soluções voltadas para a comodidade & conforto, como driv-thru e/ou delivery ganharam os holofotes e vieram para ficar.

- A conexão direta entre saúde e limpeza está sendo aprendida pela sociedade. Profissionais da limpeza não devem utilizar acessórios como anéis, brincos etc.; As mãos devem ter sido lavadas com água e sabão; Os Equipamentos de Proteção Individual devem estar presentes durante os serviços; Não devem levar as mãos ao rosto ou tocar nos cabelos enquanto estiverem com as luvas; Antes da retirada das luvas devem lavá-las com água e sabão; Após a retirada dos EPI´s devem lavar as mãos com água e sabão. Esses são hábitos adquiridos para sempre. Muitos de nós continuarão a usar máscaras mesmo depois da pandemia como já acontecia no Japão pré-pandemia.

Os contratantes desse tipo de serviço irão se debruçar sobre o tema, num exemplo, uma família com um filho de 2 anos de idade, um menino que leva seus brinquedos e pertences à boca todo o tempo, qual será o procedimento para a limpeza desses pertences?

- A importação de máscaras para a proteção pessoal nos mostrou que devemos avaliar melhor nossas compras, preço não é tudo, a variável "valor" deve ser considerada.

- A determinante falta de planejamento governamental se fez presente. Somos um país aprisionado na categoria renda média mundial há décadas (se o leitor se dedicar ao tema constatará o termo "Middle Income Trap", ou seja, Armadilha da Renda Média).

    Esse conceito é amplamente difundido pelo 1º mundo, ou seja, nossa renda cresce até um determinado nível, no entanto, a complexidade dos produtos continuam baixa, e não atingem o exigido pelo comércio internacional, e aí ficamos parados, nessa armadilha.

- Portanto, falta-nos um direcionamento como sociedade brasileira, para quais segmentos devemos apontar e quais segmentos podemos nos tornar excelentes. Essa política não implica definir que o governo deverá produzir, mas implica dizer/solicitar/implorar que ele deverá equacionar para quais segmentos de mercado sinalizará com uma política industrial forte que incentive em território nacional o estado da arte. Há algumas poucas empresas brasileiras com tecnologia suficiente para competir lá fora (WEG – EMBRAER – Sistema Bancário Nacional), no entanto, são ilhotas de excelência, não são frutos de uma política industrial atual.

Se os rumos da sociedade estão definidos, fica muito mais fácil o jovem se orientar.

Nossas variáveis brasileiras para esse direcionamento são:

- a. Nós temos boas universidades permeadas de excelentes cérebros,
- b. temos uma população de mais de 210 milhões de habitantes ávida por consumir,
- c. falamos um único idioma,
- d. nenhum de nossos vizinhos se aventuram em temas como a construção da bomba atômica,
- e. temos uma costa de milhares de quilômetros,
- f. o mundo desenvolvido lá fora disputa cada pedaço de mercado a tapas e aqui há quase tudo a ser explorado,
- g. temos uma economia privada cambaleante com brechas para investimentos e uma economia privada que já demonstrou não ter capacidade para atuar em campos que exigem

bilhões de dólares em pesquisa e desenvolvimento.

O governo brasileiro possui pelo menos uma variável em mãos que deveria usar para
desenvolver o país, qual? As Forças Armadas! Aqui nos referimos as Forças Armadas como consumidora de bens de capital com tecnologia embarcada.

A segunda força que possui são as Agências Reguladoras, para o caso das concessionárias elas atuam de maneira razoável e eficiente, no entanto, o que fazer com as empresas privadas e multinacionais que já estão instaladas por aqui?

Nesse caso a exigência de alguns passos na direção do desenvolvimento tecnológico local poderia ser uma saída. Num exemplo, a indústria multinacional fabrica um equipamento "y", no entanto, no país de origem há neve e diferentes condições climáticas, assim, a tecnologia para adaptar esse equipamento "y" às condições de alta humidade etc. devem ser feitas em solo nacional se elas desejarem permanecer por aqui

Uma terceira variável são os bancos pertencentes ao governo. Temos visto nos jornais o governo lutar para que os bancos privados baixem taxas de juros, principalmente, referentes a empréstimos ao pequeno e médio empresário.

Se partirmos da distinção entre bancos privados e bancos estatais, esse problema poderia estar resolvido em grande parte.

O que temos visto são os bancos pertencentes ao governo competirem com os bancos privados, isso não faz o menor sentido.

Se temos bancos estatais eles deveriam fomentar a indústria, a agricultura, os serviços etc. e não competir por lucros, exigir juros de mercado e quebrar aquele que deseja produzir.

Algo que devemos/podemos comentar com relação aos juros, são os juros ditados pelo FED (Banco Central Americano). Por quê? Os juros nos EUA são muito importantes para nós brasileiros e mercados emergentes, obviamente se um investidor tiver a oportunidade de investir no mercado americano com juros atraentes porque ele irá investir em mercados emergentes onde o risco é muito mais alto! Os recursos migram para lá, simples assim, é histórico.

Há um erro fundamental na essência dos bancos pertencentes ao governo, acreditamos que se a missão desses bancos é competir com os privados, então, eles não deveriam existir.

- Quando solicitamos que o governo defina alguns segmentos de mercado e aposte neles para o Brasil conseguir atingir o estado da arte nesses segmentos e competir lá fora, é fundamental sabermos onde nos encontramos no cenário mundial atual.

Sabemos que nossa indústria necessita migrar para a I4.0, mas onde estamos, ou onde cada segmento se encontra no "ring" da competição mundial. Sim, é preciso levantar dados sobre os diferentes estágios da automação.

Para a indústria em geral podemos explodir alguns níveis de camadas que identificam o grau de automação dessa indústria.

 Nível 1, é o chão de fábrica (field level), aqui está a produção propriamente dita, local onde se encontram as máquinas. Essas máquinas executam algum tipo de trabalho, na automação ou na indústria I4.0 elas são, agora, equipadas com sensores que irão monitorar motores, tubulações, temperaturas, movimentos pneumáticos etc.

 Nível 2, estamos no nível de controle, recebemos os inputs desses sensores e controlamos essas máquinas, tubulações pneumáticas etc. Esse trabalho é feito por controladores lógicos programável ou CLP, em inglês PLC - programmable logic controller / aqui são automatizadas as funções que desejamos sejam desempenhadas pelas máquinas produtivas, além dos PLC´s de desempenharem funções de monitoramento.

Suponha que sua fábrica possua 16 motores, se esses motores partirem todos ao mesmo tempo, haverá um pico de energia consumida naquele instante da partida e o proprietário pagará por esse pico, portanto, é fundamental que esses motores partam com escalonamento adequado, achatando o pico.

    Nível 3, aqui está o controle supervisório dos dados coletados. Nesse nível utilizamos o SCADA – Supervisory Control And Data Aquisition, esse estágio permite que possamos controlar funções remotamente. O interessante desse sistema é que ele pode controlar diferentes partes de um processo de um único local. Exemplo, suponha uma rede de distribuição de energia elétrica controlada por um sistema SCADA de uma única sala de controle identificando faltas e oscilações do sistema elétrico.

    Nível 4, trata do nível de planejamento, aqui está o MES – Manufacturing Execution System. Aqui está todo o processamento, desde a matéria prima até a logística. Essa visão permitirá ao proprietário ou dirigentes corrigir desvios que estejam ocorrendo no processo. Esses desvios, muitos deles, vêm da interface com fornecedores e saídas de mercadorias para o mercado.

Nível 5, ERP Enterprise Resource Planning, muito usado no Brasil para funções mais básicas, como faturamento, vendas, compras etc. através do ERP podemos verificar tudo que ocorre na empresa, sem precisarmos usar planilhas, ou bilhetes. Outras funções são provenientes da coleta de dados na fabricação, menos comuns nas pequenas e médias empresas brasileiras. Aqui está o diferencial dos países desenvolvidos que devemos adotar em nível de governo para sairmos da armadilha da renda média, local que aprisiona o Brasil há algumas décadas.

- As cidades como atualmente pensadas com grandes arranha-céus que exigem o uso de elevadores, foco de aglomerados de seres humanos respirando o mesmo ar e muito próximos é uma questão que
  deve ser colocada prioritariamente para nossos urbanistas e fabricantes desse tipo de equipamento.

- Ações gerenciais dentro de plataformas abertas & comunicáveis e intranets, são condições necessárias.

- A percepção dos dirigentes sobre aquela fumacinha percebida que se tornará um grande incêndio. Os novos dirigentes devem ser futuristas.

- A perspectiva global deverá definir rumos claros e nobres, ou seja, o convívio entre o nacionalismo e a nova globalização. É possível encontrar um caminho do meio que adeque as produções nacionais e ao mesmo tempo otimize o planeta como um todo. Os tópicos globais estão claros: 1. mudança climática, 2. desigualdade mundial social & racial (renda mínima) e, 3. a saúde.

- Ficou patente nesse período de pandemia o fato mundial constatado sobre os baixos ganhos recebidos por profissionais da área de saúde e pesquisadores da área médica em comparação aos benefícios e ganhos recebidos pelos reis dos entretenimentos. Esse é um problema a ser resolvido!

- Os temas globais não implicam concluir que como cidadãos não devemos ou não podemos fazer nada, ao contrário, se desejamos um mundo melhor comecemos a mudá-lo no nosso entorno.

- Algo que está nos passando despercebido é a nossa moeda, o "Real". Temos uma moeda forte. Uma das funções da moeda é ser uma "reserva de valor" lá atrás nos anos oitenta nós sofremos muito com a hiperinflação, assim como muitos dos nossos vizinhos. As moedas se deterioraram e cada país optou por uma solução, o Brasil manteve sua moeda e através do Plano Real conseguiu estabilizá-la, outros países correram para o dólar. Ocorre que em tempos de pandemia o mercado mundial encolhe, e o fluxo de dólar entre os países diminui. Considerando que somente o FED - Banco Central Americano pode emitir dólares, países que mudaram sua moeda ou que convivem com duas moedas (bi monetária) como é o caso dos nossos vizinhos argentinos estão e terão no futuro sua economia estrangulada. O Brasil não pode perder de vista a reserva de valor de sua moeda, ou seja, os brasileiros precisam confiar na sua moeda e poupar na sua própria moeda. Esse fato é muito importante para encarar novas crises. Nossos ativos são cotados em moeda local e são perfeitamente aceitos por todos, não há quebra de confiança na nossa moeda. A hiperinflação seria uma variável que conduziria (ou poderia) conduzir o povo a perder essa confiança. Numa economia desgovernada o primeiro impacto que uma moeda sofre é a perda de "reserva de valor". Esse valor é vital para nossa economia.

Em caso de hiperinflação o caminho mais fácil seria migrar para uma moeda forte, ou permitir que o povo encontre seu próprio caminho. O que ele fará? Sim, migrará para uma moeda forte. Qual? Hoje, o dólar. Ex.: Equador. Quem na América do Sul enxergou esse problema e agiu antes que o país fosse colocado numa posição de vulnerabilidade futura? O Brasil e o Chile. Vale dizer que nos anos oitenta graças as reservas de petróleo, a Venezuela era o país mais estável da América Latina e passou longe dessas crises.

O brasileiro comum e o chileno comum, culturalmente, resistem ao serem pagos através do dólar, o que é muito bom.

As pessoas mais idosas no Brasil passaram por diversos planos econômicos e de indexação até o Plano Real (agradeça essa estabilidade a 4 ou 5 economistas).

Além de termos ficado firmes na moeda local, pagamos a nossa dívida externa (agradeça as comodities) o que nos deixa com nossas duas grandes vulnerabilidades, ou seja, má administração interna / dívida interna crescente e, carência de industrialização de ponta.

De qualquer maneira percebemos que somos incomparáveis aos nossos irmãos argentinos nesse momento (2020).

Assim, o Brasil mostra-se uma vez mais como um porto atraente para o capital estrangeiro que busca oportunidades de negócios. Esse capital é hoje de dezenas de trilhões de dólares e não encontra taxas atrativas no primeiro mundo.

Obviamente que esse capital gostaria de vir para cá e que fará algumas exigências. Ao contrário do que fizemos no passado, o Brasil também deve fazer algumas exigências nessa oportunidade, não estamos aqui insinuando que esse capital não deve receber dividendos, não. Essa é a regra do jogo do capitalismo. Todavia, existem outras exigências que particularmente nos interessam, a transferência de tecnologia, talvez, seja a principal delas nesse momento. É preciso saímos do estigma da renda média enquanto países como os EUA possuem uma renda per capita 5 vezes a nossa.

- Brasil é um paraíso? Não. O Brasil tem problemas? Muitos! Quais?

    - O descontrole das contas públicas afasta os investidores, vimos isso claramente no governo da sra. Dilma Rousseff, portanto, recado dado. Vamos persistir nesse erro?

    - Temos um Estado que gasta mal. Temos uma carga tributária de 40 reais para cada 100 reais que giram na economia. Vamos aumentar os impostos ou discutir a qualidade dos gastos atuais?

    - Temos uma desigualdade social de proporções que garantem a todos os brasileiros uma passagem sem paradas para o inferno.

- Nossa relação dívida/PIB já era alta antes da pandemia, cerca de 78%, em comparação aos nossos pares emergentes que estavam no patamar de cerca de 50%. Isso agravado por um déficit primário que continua nos acompanhando.

- Quanto será essa relação em final de 2021? Não sabemos! E, mais, o Brasil discute com entidades como o FMI – Fundo Monetário Internacional o conceito de como calcular a dívida pública, um dia podemos nos surpreender com o aumento repentino da nossa dívida, simplesmente por adoção de nova metodologia.

- Em 2021 temos uma projeção de gastos de 1 trilhão e 485 bilhões de reais, se sacarmos daqui 1 trilhão e 410 bilhões de despesas correntes, o que sobra? Bem, se considerarmos que para as despesas discricionárias precisamos de mais 80 bilhões de reais, não teremos nada para investir, e lá se foi o teto de gastos, portanto, precisamos de poupança externa.

Devemos aplicar as mesmas decisões do passado para atrair essa poupança externa? Vamos manter a qualidade dos serviços prestados pelo Estado?

- Nossa produtividade é baixa, 5 brasileiros produzem o mesmo que 1 Americano do Norte. É óbvio que essa colocação é genérica, e deve ser estudada com profundidade. O nosso problema está centrado na produtividade da indústria. Aí está nosso Tendão de Aquiles e precisamos atacar de frente esse tema. Abrir as portas do país sem uma política adequada, já entendemos que não é o caminho mais inteligente.

- Temos mais de 10 milhões de brasileiros a procura de emprego, sem perspectivas reais de encontrá-lo e com baixo grau de escolaridade para competir num mundo V.U.C.A. (em inglês) ou V.I.C.A (em português), volatilidade (volatility), incerteza (uncertainty), complexidade (complexity) e ambiguidade (ambiguity). Vai dar? O interessante dessa sigla é que ela permeia nosso vocabulário há muitos anos, no entanto, continuamos a não acreditar nessas variáveis. Como dizem alguns; "fazer previsões é difícil, principalmente sobre o futuro". Portanto, se prever é difícil, imagine prever sem nenhuma linha de base, sem nenhum parâmetro, sem nenhuma construção de cenários, sem nenhuma estratégia?

- o A política atual de nosso meio ambiente afastou mais de 1 bilhão de dólares em investimentos na Amazônia, é preciso chegar num denominador comum. E, mais, com as mudanças de paradigmas no mundo moderno, um país que esteja em desacordo com as novas diretrizes do meio ambiente não consegue investimentos em outras áreas além de sofrer pressões sobre a qualidade de suas exportações, principalmente relacionadas a produção de grãos, ou seja, os compradores lá fora podem alegar por conveniência que os grãos estão sendo plantados em área de preservação florestal (mesmo que não estejam, é guerra comercial).

- Observamos que apesar da pandemia nossa situação é muito privilegiada, juros baixos, inflação baixa, reservas cambiais confortáveis, dependendo basicamente de boas políticas internas, aqui, nosso grau de vulnerabilidade é alto.

✛ A crise do Covid-19 mostrou na arena mundial uma disputa entre o capitalismo liberal meritocrático (EUA) versus o capitalismo político (China), venceu o capitalismo político. Para comprovar isso, basta comparar o número de mortos/população na cidade do Rio de

- Janeiro ou dos EUA com o número de mortos/população na China.

  Sim, na disputa histórica ao longo de décadas o capitalismo venceu! Mas, qual modelo de capitalismo sobreviverá?

  Quanto ao Brasil experimentamos as consequências danosas de um Estado fraco e o escancaramento das nossas feridas sociais, vivenciamos em 2020 um desastre social. Vale dizer que, embora, no Brasil as autoridades tenham fixado a data de dezembro de 2020 para essa crise terminar, o vírus não foi informado.

- Já que tangenciamos o tema China, início de toda essa pandemia, vale mencionar porque o Brasil e a Argentina se distanciaram tanto de países como China e Coréia do Sul.

Obviamente a China possui um mercado que por si só já se sustenta, mas o Brasil também possui um mercado considerável com seus mais de 210 milhões de habitantes.

E, aí? A China começou com a economia de escala e a mão de obra barata atraindo multinacionais para fabricar seus produtos em solo chinês (a mudança ocorreu com Deng Xiaoping 1904/1997, líder político da república popular da china 1978/1992). Na Coréia do Sul o desenvolvimento veio através de o sr. Park Chung-hee através de uma política forte de exportações. Na década de 80 as exportações de China + Coréia do Sul + Índia não atingiam as exportações brasileiras, e hoje? Bem, hoje, não carece comentar. Portanto, erramos e erramos feio.

Observamos que não estamos aqui defendendo esses regimes políticos, mas sim que os nossos governantes entendam o que esses povos fizeram para conseguir essa projeção mundial? O que deu certo para eles?

Em alguma extensão nossos governantes podem e devem aplicar ao Brasil alguma estratégia já testada dentro de nossa realidade e cultura democrática.

Sabemos, hoje, que esses dirigentes asiáticos souberam negociar e o Brasil, não.

Aqui no Brasil as empresas estrangeiras também vieram, mas em sua grande maioria não transferiram tecnologia, assim como na vizinha Argentina. Temos por aqui montadoras estrangeiras de toda espécie e soluções desenvolvidas lá fora.

Os chineses souberam se valer de algo muito proveitoso para eles as "Joint Ventures". Além disso o ocidente com a cultura de comprar o melhor e o mais barato, indiscriminadamente, foi transferindo aos poucos para a China seus maquinários e segredos industriais explorando a mão de obra barata e o mercado potencial dos sonhos. Ou seja, o neoliberalismo proposto pelo "Consenso de Washington" através do conceito neoliberal, hoje 2020, sendo aplicado no Brasil, começou no Chile de Pinochet orquestrado pelos "Chicago Boys", seguido pela Dama de Ferro – a sra. Thatcher e pelo sr. Ronald Reagan e implantado à época aqui pelo governo de o sr. Fernando Henrique Cardoso através das privatizações/concessões. Fortemente recomendado pelo FMI nos anos 90 como o banquete dos Deuses para os países crescerem.

Lembrando que desde 2004 o próprio FMI afrouxou esse pragmatismo. Hoje, constatamos que mesmo na terra do Tio Sam essa política não deu certo e estão às voltas com aqueles que não a aplicaram, o principal: China.

- Na virada do século XIX para o XX vimos a Inglaterra entregar o bastão para os EUA graças sobretudo ao desgaste sofrido pelos ingleses em guerras, na virada do séc. XX para o séc. XXI estamos vivenciando um novo momento histórico, a passagem do bastão dos americanos do Norte para os chineses. Obviamente que o mundo mudou muito de lá para cá, e essa passagem de bastão pode não ser tão amistosa. "Direito Jus Espeniandi." Veremos!

- A China mostrou-nos que a abertura da economia sem critério, iniciada com o nosso presidente o sr. Fernando Collor de Mello foi irresponsável (pouco inteligente) e destruiu nossa indústria local.

Na época não questionei as privatizações, no entanto, devo ser justo comigo mesmo que também questionava eventuais vantagens além dos empregos que o Brasil poderia ter extraído desse processo.

Lembrando que os altos salários de nossos dirigentes eram dedicados a administração, finanças, marketing, comercial, e nunca a um diretor técnico de desenvolvimento local a transferência de tecnologia se resumia a montagens.

O mundo a partir de então criou uma grande fábrica na China e todos nós começamos a depender deles.

Os salários na China vêm crescendo ano a ano. Problema para os chineses? Não, a produtividade e o conhecimento da tecnologia colocam salários baixos em patamares de total irrelevância. O Japão já passou por esse processo e hoje é incomparável a quantidade de robôs que possui por cada 10.000 habitantes, por exemplo, em relação ao Brasil. Essa mão de obra não reclama direitos trabalhistas, trabalha 24 horas por dia e não possui sindicatos, além é óbvio de produzir muito mais.

Por tal, a necessidade de retomarmos localmente a educação, os investimentos maciços em nichos tecnológicos de mercado e firmamos parcerias inteligentes. O Brasil deve estar aberto para esses negócios. Frisamos a palavra nicho porque essas grandes multinacionais criaram barreiras praticamente intransponíveis em diversos segmentos de mercado.

Bem, mas hoje os chineses além de deterem tecnologia, estão ricos. Vale dizer que estão muito próximos das fronteiras tecnológicas o que tem intimidado os grandes.

- A pandemia nos ensinou que numa crise como a do covid-19 a economia privada pouco fez, e se não fosse o Estado brasileiro se endividando, muitas pessoas teriam morrido de fome.

- O caso argentino é um país que também ficou rico lá no passado com base na carne & trigo, mas nunca desenvolveu sua indústria local para competir em níveis mundiais e quando a carne & trigo bateram de frente com interesses dos americanos do Norte, e a Argentina precisou de dólares se deparou com a frase "America First". Além disso os ingleses se mostram muito amigo dos EUA do que da Argentina, então, se os dois países produzirem maças os ingleses comprarão maças americanas. Lições que devemos aprender.

A Argentina mergulhou em crises e continua se socorrendo do Fundo Monetário Internacional, lembrando que a nossa vizinha está com a dívida pública em moratória. Até quando? Não vemos solução no curto prazo, mas torcemos para que os vizinhos se recuperem.

A receita que o Brasil aprendeu a discursar de 1980 para cá foi: O Estado é "gordo" e incompetente, é preciso competir com o pessoal lá de fora, enxugar a máquina pública e vender os ativos.

Pegamos esse caminho e estamos aqui: "perdidos".

Observamos que não defendemos o Estado "gordo", mas existem áreas ou segmentos de áreas que o Estado pode e deve socorrer a economia privada e outras não. Além disso o Estado não deveria deixar tudo para o mercado decidir, deveria apontar alguns caminhos.

O discurso que o governo deve se preocupar com: saúde, segurança e educação é bonito, mas onde se necessita de capital intensivo para pesquisa & desenvolvimento não é realista esperar que o mercado irá investir e prover nossas necessidades locais. Ou pior, que empresas lá de fora farão esses investimentos e nos deixarão ter acesso as tecnologias de ponta. É muita ingenuidade que o mercado se regulará sozinho a favor do Brasil, isso é sonho.

Se pensarmos na vacina contra o covid-19, qual laboratório nacional pode suportar um investimento dessa monta e nos tirar dessa pandemia?

Um fato que me marcou no modelo de privatização brasileiro foi o processo da Light do Rio de Janeiro.

À época eu estava atuando no setor elétrico, e aí venceu o leilão a empresa EDF – Électricité de France a maior produtora e distribuidora de energia da França. Ok, podemos/devemos considerá-la uma empresa de capital misto onde o governo francês é majoritário.

Ou seja, podemos dizer grosso modo: a privatização foi vencida por uma empresa estatal francesa. E aí?

Existem outros casos semelhantes. O exemplo, não caracteriza que a Light não deveria ter sido privatizada, no entanto, caracteriza que países possuem políticas claras para agir em nível mundial.

É preciso exigir contrapartidas das empresas que desejarem investir e conquistar o mercado nacional. Nada desonesto.

A política de simplesmente gerar empregos locais pouco qualificados mostrou-se ineficiente, não há transferência de tecnologia, e uma multinacional ao sair do país nada deixa de legado.

A China criou seu próprio modelo e o governo local se tornou sócio dessas empresas, hoje, os chineses não só dominam tecnologia como foram além de seus mestres e parceiros em muitos campos. Qual modelo o Brasil deve adotar a partir de 2020?

Concluímos que nem tanto a terra nem tanto ao mar. É preciso inteligência, é preciso dominar algumas áreas tecnológicas, se preparar, e aí partir para a guerra.

✦ Os tempos da burocracia durante a pandemia mostrou-se totalmente incompatível com os tempos do mercado. O próprio vírus pode ser um exemplo prático, e existem centenas de outros.

Mas, vamos pinçar os importadores de máquinas, o lento processo burocrático para tais importações faz com que essas importações sejam uma roleta.

Um importador brasileiro importa uma determinada máquina para um determinado trabalho e, quando essa máquina aterrissa em solo nacional esse trabalho foi modificado, diminuído, ou quem sabe já não há sua necessidade dele nos moldes pensado preliminarmente.

Esses processos devem ser revisitados pelas autoridades e por "players" mercadológicos.

A tradição sequencial já não mais se aplica, os tempos são cada vez mais curtos para muitos processos.

Teremos que imitar o sr. Bill Gates, ou seja, criar nosso "Windows" e muitos processos precisarão ser porosos de sorte a encurtar prazos.

Observe, por exemplo, os analistas econômicos comentando a curva de FBCF - Formação Bruta de Capital Fixo, a curva cresce porque os importadores importaram máquinas, mas o mercado já está em frangalhos e não estava à época da importação. Aí temos (ou podemos ter) o processo inverso, os importadores param de importar e o mercado aquece, precisamos diminuir esses prazos e mitigar esses riscos, eles não são bons para ninguém, nem mesmo para o governo.

✦ A globalização sofreu e tem sofrido duros golpes, todavia isso não implica concluir que ela irá desaparecer. O mundo está demasiado conectado para supormos um isolacionismo generalizado. Constatemos, por exemplo, não temos grandes empecilhos para:
- Investir na Bolsa de Nova York, ou
- Abrir uma empresa em Portugal, ou
- Se tivermos a capacidade necessária, irmos trabalhar na Alemanha, ou
- Se tivermos uma ideia brilhante para o mercado, desde que ela gere bons resultados, podemos ter uma parceria com um investidor da Nova Zelândia, ou,
- Que utilizemos a tecnologia 5G desenvolvida na China ou na Suécia, ou
- Que compremos chocolates da Suíça? Etc.

Sim, a globalização não irá terminar. O ponto aqui é o que deve fazer o Brasil? Sim, o Brasil encarou a globalização desde o início de forma equivocada, não podemos e não temos capacidade técnica para competir diretamente com competidores mundiais, mas temos algo que lhes interessa.

Nós sugerimos que o Brasil deveria atacar alguns nichos de mercado, quanto mais complexo o produto, mais valor agregado ele possui e aqueles países que estão na fronteira do conhecimento são poucos.

Portanto, não se trata de uma batalha fácil, no entanto, se começarmos hoje, em 20 anos deveremos ter algum resultado positivo.

Um outro aspecto da globalização é o capital buscando por lucros cada vez mais robustos. Temos observado que as grandes empresas não possuem limites geográficos como os países, elas se deslocam e consolidam seus resultados conforme o lucro sustentável as move.

Então, os investimentos comparam sim, se uma determinada empresa investirá na América do Sul ou na Ásia, há uma competição pelo retorno do capital investido. Por que esse conceito deverá mudar nesse século? Não enxergamos essa possibilidade. No final do dia o que interessa é quanto irá para o bolso dos acionistas, simples assim. Tudo bem, estamos evoluindo do lucro para o lucro sustentável, mas ainda estamos em busca do lucro.

E por fim,

mas não menos importante, as empresas devem seguir a seguinte diretriz: invista em treinamentos do time (sempre), invista e depois, invista, essa ação desencadeará o diferencial.

Se pensar em você como profissional, invista em você e, depois, invista em você, esse será o seu diferencial.

Por quê? Porque se empoderamos as pessoas elas podem e devem trazer/construir soluções que não enxergamos quando estamos distantes de onde as coisas realmente acontecem.

Por que os profissionais devem investir em si? Porque um cérebro expandido nunca mais retornará ao seu tamanho anterior. É preciso que você seja melhor? É preciso que eu seja melhor? Melhor em comparação com quem?

Em comparação com você mesmo. Em comparação comigo mesmo.

Além disso os profissionais capacitados enxergam mais longe, mas para tal é preciso que eles subam nos ombros dos mais experientes.

Os mais velhos e experientes podem também inferir o que nosso interlocutor está pensando, e isso é uma vantagem competitiva.

Estamos com nossa pirâmide completa.

Selecione engrenagem por engrenagem ao lado de cada tópico escreva o que irá fazer, releia suas metas.

Após alguma interação importante, seja com um cliente interno ou externo, retorne à pirâmide, faça análises, aprimore!

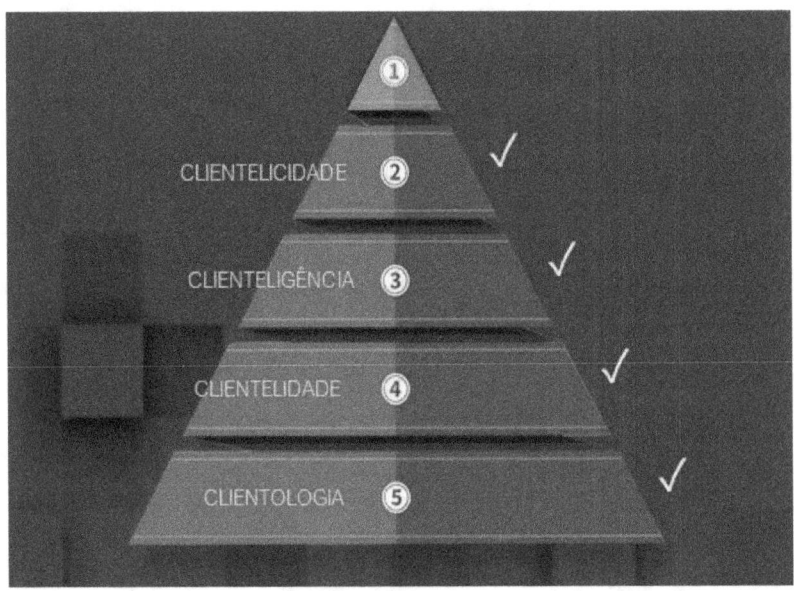

LET'S START

Sim, ajustes finos serão necessários e o plano revisitado, mas perceba que a cultura da empresa, mesmo não estando descrita numa ID - Instrução de Diretoria, está aí e será indelével.

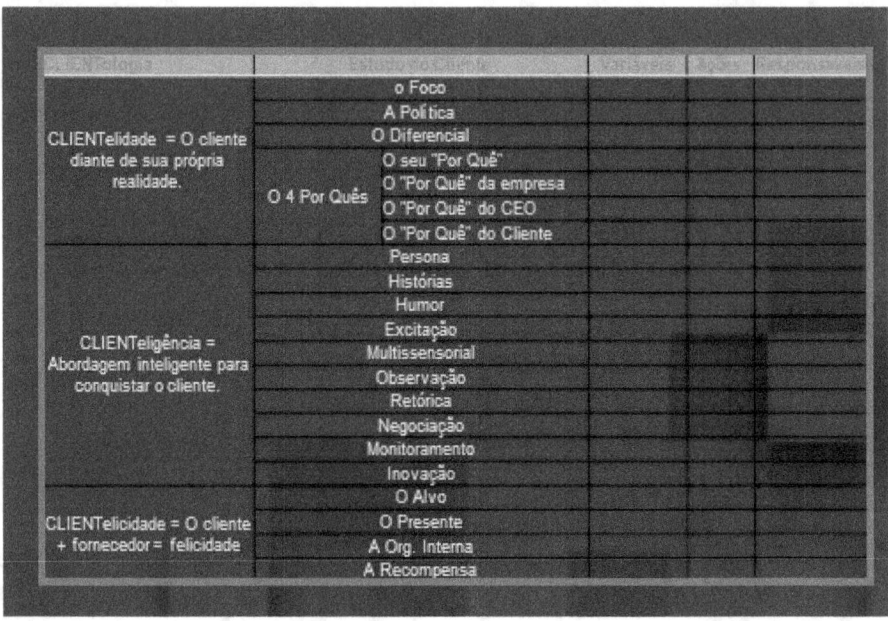

É fato, antes de ter iniciado essa leitura, o leitor sabe exatamente onde se encontra sua empresa em termos de lucratividade, ou o leitor sabe exatamente a quantas andam sua carreira profissional.

Pois bem, se sabemos onde estamos e aplicamos o exercício desse módulo podemos averiguar o progresso que estamos fazendo ou fizemos, certo? Acredito que valha a pena tentar.

Em parágrafos anteriores incluímos alguns sub itens, assim, podemos completar essa planilha, caso o leitor sinta tal necessidade. Basta seguir o índice e verificar o que se aplica e o que não se aplica ao seu negócio.

Escrevo esse parágrafo quando retorno do cardiologista. Na consulta anterior ele me disse:
- Não vou lhe propor fazer exercícios físicos e muito menos regime, pois, nós dois temos uma boa idade para saber que você precisa fazê-lo, então, vamos fazer o seguinte, vou medir sua cintura e quando você retornar aqui quero ver 1cm abaixo dessa medida.

O retorno ocorreu, começamos com aquelas conversas sobre amenidades quando respondi ter iniciado caminhadas de 1 hora, 4 vezes na semana, o que o deixou satisfeito.

Não houve como fugir da fita métrica, e ali constatamos o acréscimo de 1,5 cm na minha circunferência de cintura. Argumentei que o COVID-19 era o responsável, pois, estava comendo muito mais apesar dos exercícios.

Minha argumentação de nada valeu! E lá vamos nós: Exercícios mais Duros + Dieta.

Assim funciona as ações para alavancar o crescimento e aumento da lucratividade nas empresas, podemos nos

esforçar, mas pode ser que não seja o suficiente, e aí, mais energia será necessária. Simple Like That!
A pergunta que aflora desse parágrafo é: Quanto a mais de exercício e de dieta?

Bem, não vou revelar o meu sobrepeso, mas cada um terá suas condições específicas e com certeza a comparação nesse caso será com a concorrência.

Eles são melhores do que nós? Nossos diferenciais estão corretos? Precisamos de mais diferenciais? Nossos clientes valorizam nossos diferenciais? Em que direção nossos concorrentes estão se mexendo?

Essas são boas perguntas para que você responda ou peça ajuda para respondê-las.

Observe que realmente eu havia acionado a alavanca das caminhadas, não foi suficiente, agora, partiremos para a dieta e quem sabe para uma cirurgia lá na frente se o resultado for insatisfatório.

Agora, vejamos, treinamos nosso time de vendas, temos ali pessoas incríveis, mas nosso portifólio é deficiente! Então, rearranjamos nosso portifólio, no entanto, os processos de entrega são falhos, temos muitas devoluções e nossas margens continuam baixas e as vendas não crescem.

Conclusão, ter um bom time de vendas não significa sucesso, é preciso olhar para dentro, fatiar o processo, entender o mercado, e agir cirurgicamente em alguns pontos de sorte que nosso caixa o permita e os resultados comecem a aparecer. Aplique ações de alto impacto nos resultados.

Exercício Mapa Estratégico 2
Inicie o Mapa Estratégico, pessoal e/ou empresarial. O conceito aqui foi resumir toda a teoria descrita nesse livro numa única planilha.

Então, as células com "?" podem ou não exigir o preenchimento do leitor dependendo do negócio que ele está administrando e das iniciativas que pretende implantar, seja na empresa, seja na sua trajetória pessoal.

Vamos aos ajustes!

CLIENT logy					Status Quo		Iniciativas
Clientelidade	o foco			?			?
	Tendências				?		?
			Geografia			?	?
			Novos Rumos			?	?
			Tailwind			?	?
			Dados			?	?
	a política			?			?
	o diferencial			?			?
		Tamanho Importa		?			?
		R & D		?			?
		M&A (portifólio)		?			?
		Gasto Importa		?			?
		Juros de Capital		?			?
		o Time		?			?
	os 4 por quês						
		o seu por quê		?			?
		o por quê da empresa		?			?
		o por quê do CEO		?			?
				budget		?	?
		o por quê do cliente		?			?
				Não basta comprar		?	?
Clienteligência	Persona			?			?
	Histórias			?			?
	Humor			?			?
	Empolgação			?			?
	Multissensorial			?			?
	Observação			?			?
	Abordagem Estruturada			?			?
	Seja Cirúrgico			?			?

	Negociação	?				?
		gatilho	?			?
		pich	?			?
		warm up	?			?
		fatiamento	?			?
	Monitoramento	?				?
		Churn Rate	?			?
		Reuniões	?			?
		Comendo pelas Beiradas		?		?
	Inove	?				?
		Produtividade	?			?
			Auto Atendimento	?		?
			Lean	?		?
			Seis Sigmas	?		?
			5S	?		?
			Scrum	?		?
			Vendas	?		?
			Learning Machine	?		?
			Distribuição dos Recursos/Portifólio	?		?
		Inovação Aberta		?	?	?
Clientelicidade	o Alvo	?				?
	o Presente	?				?
	a Organização Interna	?				?
		Recursos Operacionais	?			?
	a Recompensa	?				?

Imaginemos uma situação confortável, ou seja, com uma única tabela similar a acima, e conseguimos demonstrar para onde estamos indo!

Quanto trabalho interno poderíamos economizar? Atualmente, toda vez que uma gerência e/ou diretoria é chamada para justificar uma determinada estratégia, ou para propor novos rumos, dezenas de páginas são escritas e quase sempre acompanhadas de um "power point".

Nós definimos a estratégia, ou seja, estamos com o portifólio alinhado e o comercial com os segmentos que irão atacar, todos na mira do "Sniper Rifle"

Suponha que o "budget" esteja sendo atingido, então, vale conferir se a estratégia está correta, mesmo que os resultados estejam sendo satisfatórios. Traçamos um plano, no entanto, podemos estar sendo empurrados por ventos de cauda e as vendas não estão sendo provenientes de nossa estratégia. Quando o vento cessar podemos entrar em apuros, então, é melhor conferir a estratégia antes que isso ocorra.

Essa análise coloca o budget de um lado e a estratégia de outro. Elas são coincidentes? Não, mas deveriam.

Pensemos numa empresa que vende um produto para a indústria, temos alguns KAM´s (Key Account Manager) dedicados a determinados clientes mapeando suas necessidades e atendendo suas expectativas.

Ao verificar o "budget" constatamos que os bons resultados são provenientes da cauda longa, ou seja, estamos executando esforços numa direção e as vendas ocorrendo em outra.

A cauda longa são vendas realizadas espaçadas, pulverizadas, sem que haja uma predominância forte de um determinado cliente ou mesmo segmento. Em outras palavras, apesar de estarmos cumprindo o "budget" a estratégia está errada.

O que estamos propondo aqui é percorrer o caminho inverso das vendas, ou seja, cumprimos o "budget", mas "por quê"? Foi fruto de nossa estratégia? Ou, não?

Observe que quando definimos vender $$$$ e depois decidimos onde vender é o caminho inverso do que deveria ser equacionado. Assim, se definirmos onde iremos vender e depois o quanto $$$ venderemos soa muito mais razoável, mais lógico, mais inteligente.

A inercia do "budget" nos conduz ao caminho inverso, primeiro definimos o quanto $$$ e depois onde iremos conseguir esses valores.

Isso ocorre com muitos profissionais e posso citar um exemplo particular. À época, ao definir o "budget", levantei onde deveríamos vender e nossas reais possibilidades e defini o valor a ser atingido. Processo ideal.

Ocorre que esse valor definido foi 50% abaixo do que a empresa havia performado no ano anterior.

Isso significava que a estrutura da empresa à época com 150 colaboradores deveria ser reduzida pela metade. Observe o drama! Muitas vezes a criatividade surge da dificuldade! Em linhas gerais diríamos que primeiro nasce a criatividade, depois a inovação e se a inovação pode ser monetizada, então, temos um caminho para o sucesso.

De qualquer maneira o tema tornou-se desafiador, pois, dispensar pessoas não é uma tarefa prazerosa. E, para dobrar o "budget" é preciso definir com clareza onde iremos atacar e monitorar esses movimentos semanalmente.

Exercício Mapa Estratégico 2a

A planilha anterior nos fornece uma bússola para o NORTE, no entanto, algumas inciativas possuem mais ou menos chances de serem alcançadas. Além disso elas não nos trazem os mesmos resultados financeiros. Assim, podemos elencar o que mais nos interessa e completar essa planilha. Por exemplo, nos interessa o

ROE – Return On Equity, nos interessa o crescimento dentro do nosso segmento etc.

Nesse link discuto o tema do ROE
https://drzerocost.com.br/2018/01/roe/

Nossa planilha sem a 1ª coluna, então, ficaria;

Tópicos	Status Quo			Iniciativas	Chances de executar	Expectativa financeira (ROE, Crescimento)	Prioridades
o foco	?			?			
	Tendências	?		?			
		Geografia	?	?			
		Novos Rumos	?	?			
		Tailwind	?	?			
		Dados	?	?			
a política	?			?			
o diferencial	?			?			
	Tamanho Importa	?		?			
	R & D	?		?			
	M&A (portifólio)	?		?			
	Gasto Importa	?		?			
	Juros de Capital	?		?			
	o Time	?		?			
os 4 por quês	o seu por quê	?		?			
	o por quê da empresa	?		?			
	o por quê do CEO	?		?			
		budget	?	?			
	o por quê do cliente	?		?			
		Não basta comprar	?	?			
Persona	?			?			
Histórias	?			?			
Humor	?			?			
Empolgação	?			?			
Multissensorial	?			?			
Observação	?			?			

Abordagem Estruturada	?			?				
Seja Cirúrgico	?			?				
Negociação	?			?				
	gatilho	?		?				
	pich	?		?				
	warm up	?		?				
	fatiamento	?		?				
Monitoramento	?			?				
	Churn Rate	?		?				
	Reuniões	?		?				
	Comendo pelas Beiradas	?		?				
Inove	?			?				
	Produtividade	?		?				
		Auto Atendimento	?	?				
		Lean	?	?				
		Seis Sigmas	?	?				
		5S	?	?				
		Scrum	?	?				
		Vendas	?	?				
		Learning Machine	?	?				
		Distribuição dos Recursos/Portifólio	?	?				
	Inovação Aberta	?	?	?				
o Alvo	?			?				
o Presente	?			?				
a Organização Interna	?			?				
	Recursos Operacionais	?		?				
a Recompensa	?			?				

Nossas alavancas ou proposições implicam concluir que se as proposições compostas discriminadas na CLIENTOLOGIA são aplicadas desembocaremos numa conquista de mercado e crescimento profissional.

Ou, se encadearmos essas alavancas, ou premissas, ou proposições, de maneira lógica e inteligente (a ordem importa), então desembocaremos numa conclusão favorável ao nosso negócio e ao nosso crescimento pessoal.

Qual a lógica a ser utilizada? Isso dependerá de cada negócio e do mercado que estamos inseridos.

O "argumento" é esse encadeamento lógico das alavancas ou das premissas ou das proposições. O argumento deve ser discutido e implantado para atingirmos nosso objetivo, ou conclusão.

É necessário que a relação entre proposição e a conclusão seja verdadeira. Se faço ..."isso" ..., "então,..teremos aquilo" .... (Pi, Pii, ..Pn   C).

Se "p" é verdadeiro, então "q" é verdadeiro. p é (V).
Existem outras proposições condicionais, mas essa é a que nos

interessa. E precisamos ter certeza (programação) de quando e quais alavancas iremos acionar e ter um grau de certeza de que elas sejam verdadeiras. Se temos uma conclusão verdadeira, então nosso argumento é válido.

Parece complexo, sim é complexo e difícil. Essa decisão não pode ser política, deve ser racional. Não podemos seguir alguém porque ele fala mais alto, ou tenha mais poder. É preciso constatar em números o porquê tal estratégia será adotada. É preciso ser racional.

Num exemplo, propusemos, "Geografia Importa", agora, quais localidades e por que iremos atacá-las?

Essa análise parece até certo ponto ridícula, mas não é. Ocorre que quando temos uma ideia ou estamos implantando um determinado negócio, nossa positividade está extremamente elevada, e deixamos passar pontos fundamentais que podem quebrar o negócio. E, quebram.

06 – ARTIGOS, VÍDEOS E COMENTÁRIO

ARTIGOS

B2B OU B2C?
As empresas podem vender para outras empresas, ou podem vender para consumidores finais, ou podem vender para ambos. Discutimos esse tema no artigo abaixo.

HTTPS://DRZEROCOST.COM.BR/2020/06/7669/

Reflexões sobre o Covid-19, A porta de saída:
https://drzerocost.com.br/2020/04/da-porteira-para-fora-151-jornal-tribuna-liberal-de-19-04-2020-a-porta/

IkiGAI – receita para você descobrir o seu Por quê!
https://drzerocost.com.br/2020/05/da-porteira-para-fora-156-jornal-tribuna-liberal-de-24-05-2020-ikigai/

O PIB;
https://drzerocost.com.br/2020/06/da-porteira-para-fora-158-jornal-tribuna-liberal-de-07-06-2020-e-o-pib/

O PIB versus FIB – felicidade interna bruta;
https://drzerocost.com.br/2020/05/da-porteira-para-fora-155-jornal-tribuna-liberal-de-10-05-2020-fib/

E, agora, José? https://drzerocost.com.br/2020/07/da-porteira-para-fora-166-jornal-tribuna-liberal-de-02-08-2020-e-agora-jose/)

CCC https://drzerocost.com.br/2020/08/da-porteira-para-fora-167-jornal-tribuna-liberal-de-09-08-2020-ccc/)

2021 https://drzerocost.com.br/2020/08/da-porteira-para-fora-168-jornal-tribuna-liberal-de-16-08-2020-2021/

VÍDEOS

Rádio Brasil 22/11/2019 – Programa "Visão Geral" – CLIENTOLOGIA!
HTTPS://DRZEROCOST.COM.BR/2019/11/7347/

Rádio Wolf – 02/10/2019 – Inovação -
https://www.youtube.com/watch?v=PkVJGdzlZR0

COMENTÁRIOS

Dados Estatísticos.

Os dirigentes devem acompanhar alguns dados estatísticos, esses dados dependerão do segmento de atuação de suas respectivas empresas, recomendamos especialmente:

a inflação através o índice nacional de preços ao consumidor amplo **IPCA**,

o produto interno bruto PIB,

o produto interno bruto potencial PIB-P,

a formação bruta de capital fixo FBCF.

A Inflação;
A inflação no Brasil não pode ser deixada ao lado pelos dirigentes. Ela é extremamente fundamental para a estabilidade da economia e trata-se de uma variável tratada com desprezo durante toda a nossa história. Exceção ao Plano Real idealizado e implantado por cabeças brilhantes.

Indo lá atrás, D. João VI cunhava moedas e com isso pagava as dívidas da corte!

No nascimento da república 1889 encaramos de saída uma crise inflacionária (textos na internet aos baldes sobre – o encilhamento - quando o 1º ministro da república, o brilhante sr. Ruy Barbosa liberou a emissão de moeda para pagar dívidas até que ...Puft!)

A Inflação;

Tivemos muitas outras aventuras além de dados não consistentes, inflações que saíram de um patamar de 2 dígitos negativos num ano e pularam para 2 dígitos positivos no ano seguinte.

Em 1964 o governo militar criou a correção monetária, cortou 3 zeros e entramos no ciclo do cruzeiro novo. E, o governo militar deixou o país com as contas desorganizadas.

Nos últimos 40 anos tivemos alguns planos, todos heterodoxos.

A Inflação;

Vamos relembrar os planos mais conhecidos para estabilização da moeda: 1986 – Plano Cruzado (9 meses, o mais longo plano depois do plano real) // 1987 - Plano Cruzado II // 1987 – Plano Bresser // 1989 – Plano Verão // 1990 Plano Collor I // 1991 – Plano Collor II // 1994 – Plano Real (em vigor até hoje- 2020).

O mais ousado deles foi o Plano Real, cuja implantação não foi aprovada nem mesmo pelo FMI, e deu certo! Muito obrigado a essas pessoas geniais.

Mesmo com o Plano Real em vigor, o relatório de DAVOS de 2019 colocou o Brasil na posição 115º entre 141 países referente a variável "estabilidade macro econômica", no entanto, Davos nos colocou na 10º posição quando o tema é tamanho de mercado. Portanto, com discernimento podemos crescer.

O Plano Real, por pouco não foi jogado na lata do lixo no governo da sra. Dilma Rousseff, felizmente voltamos aos trilhos.

A Inflação;

A inflação deve ser acompanhada pelos dirigentes, pois, o seu descontrole gera grandes dores de cabeça para a administração das empresas.

O IPCA é um índice que o dirigente deve ter sobre a mesa.

IPCA - índice nacional de preço ao consumidor amplo – IPCA, ele mede a inflação na ponta, no varejo, a inflação sentida pelas famílias o que é extremamente relevante para sabermos o que ocorre com famílias que se encaixam no rendimento de 1 a 40 salários mínimos qualquer que seja a fonte.

Dados do IPCA

https://www.ibge.gov.br/estatisticas/economicas/precos-e-custos/9256-indice-nacional-de-precos-ao-consumidor-amplo.html?=&t=destaques

A Inflação;

O IBGE produz outros quatro índices de inflação:

IPCA-15: difere do IPCA apenas no período de coleta, em geral, do dia 16 do mês anterior ao dia 15 do mês de referência. Trata-se de uma prévia, do IPCA.

IPP: é voltado para a indústria e mede a variação de preços de venda recebidos pelos produtores de bens e serviços. Sua sigla corresponde ao Índice de Preços ao Produtor.

IPCA-E: é o acumulado trimestral do IPCA-15.

SINAPI: é produzido em conjunto com a Caixa Econômica Federal - Caixa e mede a variação de preços para o setor habitacional e de construção. Sua sigla;

A Inflação;

corresponde ao Sistema Nacional de Pesquisa de Custos e Índices da Construção Civil.

Outras instituições também produzem índices importantes de inflação:

IGP-M: o Índice Geral de Preços do Mercado, calculado pela Fundação Getúlio Vargas - FGV, é formado por três índices diversos que medem os preços por atacado (IPA-M), ao consumidor (IPC-M), e de construção (INCC). O IGP-M é comumente utilizado para contratos de aluguel, seguros de saúde e reajustes de tarifas públicas; e,

A Inflação;

IPC-Fipe: o Índice de Preços ao Consumidor, calculado pela Fundação Instituto de Pesquisas Econômicas - FIPE, mede a variação de preços no Município de São Paulo.

Ele aponta a variação do custo de vida médio de famílias com renda de 1 a 10 salários mínimos.

Vivemos num trem fantasma até 1994, correções monetárias para todos os gostos, fomos/somos um celeiro de teses e experimentos sobre inflação, insistimos durante décadas que o papel moeda independe da produção do país. Um erro!

O PIB;

O **PIB**, apesar de ser liberado com atraso pelos órgãos de governo brasileiro sempre mostra uma tendência da economia.

É fácil verificar no site do IBGE qual segmento do PIB tem crescido e qual segmento do PIB tem diminuído.

Podemos verificar o PIB tanto pelo lado da demanda como pelo lado da oferta, os valores são coincidentes, então, dependendo de onde sua empresa se localiza no mercado, exemplo, venda de serviços, indústria, agronegócio, importação & exportação, é possível averiguar a tendência desse segmento analisando essas curvas disponíveis no site do IBGE.

Tenho grande admiração pelos técnicos do IPEA, que geram trabalhos muito valiosos para aqueles que desejam entender melhor as características brasileiras. Segue, exemplo de link valioso:

https://www.ipea.gov.br/portal/images/stories/PDFs/livros/200622_livro_desenvolvimento.pdf

Esses estudos identificam dinâmicas econômicas, populacionais e sociais. .

Algo que o Brasil menospreza e deveria colocar mais atenção é com relação a indústria em solo brasileiro, não me refiro somente as indústrias nacionais. As demais indústrias também são bem-vindas, desde que deixem por aqui alguma tecnologia de ponta ou desde que haja complementariedade com o nosso parque.

Nossa economia tem crescido abaixo de economias como as asiáticas, no entanto, o fato grave é que desde 2008, por falta de uma política industrial o PIB da Manufatura Brasileira cresce abaixo do PIB nacional. Ou seja, já crescemos pouco e pior a indústria cresce menos ainda internamente. Alguns economistas denominam essas curvas de Boca de Jacaré Aberta, a parte debaixo da mandíbula é o crescimento da indústria.

O PIB potencial,

Ou seja, o PIB-P é o potencial do país em elevar seu nível de oferta considerando 100% das forças de produção, em outras palavras, quanto o PIB atual poderia crescer sem investimentos. Por que esse dado é importante?

Porque se a resposta for um pequeno "gap" porcentual entre o PIB atual e o PIB-potencial estamos próximos de deflagar um processo inflacionário.

Se a capacidade atual do PIB estiver muito abaixo do PIB-potencial os preços não sofrerão pressão (situação típica de 2020 – não há riscos de inflação).

A FBCF,

A Formação Bruta de Capital Fixo, dado também disponibilizado pelo IBGE que nos fornece o apetite da indústria em investir em maquinários.

Em tese se a indústria está investindo a economia caminha bem, novamente há uma defasagem nesse dado, pois, como as importações são lentas no Brasil, a indústria pode estar comprando e o mercado já começou a cair.

De qualquer maneira esse é um dado relevante, inclusive para nos compararmos com outros países. Em outras palavras, se os países que consideramos nossos pares estão investindo mais do que nós, chegarão numa solução primeiro. Simples, assim!

Obviamente que cada empresa deve ter sua própria cesta básica ou coleta de índices, essa coleta irá depender da necessidade de cada empresa, ou de cada dirigente.

Arquétipos

O leitor poderá se perguntar por que inseri esse conceito aqui? A psicologia analítica define o inconsciente coletivo, criado pelo psiquiatra suíço Carl Gustav Jung, trata-se da camada mais profunda da psiquê. E, daí?

Existem alguns milhares de artigos sobre esse tema na Internet e, do inconsciente coletivo brotam de forma prática algumas representações dos seres humanos com predominância de algumas características.

Esses modelos denominados arquétipos definem determinados tipos de comportamentos e lembremos que a tarefa mais árdua do time comercial e de um dirigente é tratar com pessoas de diferentes características e ser assertivo. Assim, devemos primeiramente caracterizar o arquétipo de nosso interlocutor, e posteriormente agir em sintonia com esse arquétipo, desta forma receberemos informações muito preciosas que devem ser usadas com ética.

Arquétipos

O profissional da área comercial que sempre faz o mesmo discurso, rapidamente descobrirá que esse discurso adere a algumas pessoas e não a outras, assim, se ele através da "escutatória e da perguntatória" consegue identificar o arquétipo com quem está

dialogando, seu discurso será melhor ajustado e mais assertivo.

Nunca esteve tão claro que esses arquétipos muitas vezes tendo por trás grandes corporações, buscam nos manipular. Esses arquétipos emitem mensagens cifradas dentro de suas respectivas searas de atuação, nossa missão é decifrá-las e encontrar o melhor caminho para o diálogo.

Algo que pode facilitar nosso entendimento sobre o nosso interlocutor é condensar os arquétipos definidos por Jung e rapidamente identificarmos o discurso que está sendo proferido. Assim, nossa estratégia estará definida.

Veja, não se trata de estar ou não aberto a novas ideias, e sim de dialogar dentro do campo do adversário com as armas que ele conhece. Assim, encontraremos eco em nossas posições.

MMM´s

As grandes empresas, normalmente, executam as MMM´s – Monday Morning Meetings dedicadas mormente ao comercial. São reuniões na 1ª hora de toda segunda-feira. Essas reuniões geram ações para a semana e alguma estratégia e/ou táticas.

O time comercial em todas as empresas é "indisciplinado" no que tange aos preenchimentos de relatórios, sempre com a argumentação: "Se eu preencho relatórios, não trabalho", aqui devemos fazer uma mea-culpa e de posse da tecnologia da informação facilitar esses relatórios.

Na reunião seguinte partimos do ponto anterior e não retornamos. Esses documentos devem ser datados, assim como suas respectivas revisões. E, disponibilizados numa intranet.

MMM´s

Reuniões comerciais sem pauta pré-definida costumam ser improdutivas, simples falatório e com pitacos de reclamações.

Recomendamos que o tema melhoria contínua seja tratado na mesma MMM, no entanto, dividindo a MMM e duas partes, uma para metas, dia a dia, e outra para as melhorias contínuas.

As melhorias contínuas devem seguir um procedimento normativo, citando a fonte, a descrição atual e onde queremos chegar, a proposta, os ganhos & economias estimadas, prazos para implantação, responsável pela execução, data prevista para a conclusão, vistos e assinaturas eletrônicas.

O time comercial, geralmente, não está treinado para executar Relatórios de Ações para a Melhoria Contínua.

MMM´s

A parte dedicada a melhoria contínua poderá/deverá ter um item dedicado a reclamações do cliente, é aqui que aprendemos e melhoramos nossos produtos e serviços.

Obviamente que cada empresa terá procedimentos específicos para tratar essas "não conformidades" e recomendamos o envolvimento da qualidade nesse tópico.

Num exemplo hipotético, suponha uma empresa que fabrique mangueiras de alta pressão. E um de seus lotes foi devolvido pelo cliente. Como tratar esse tema?

É fundamental, no pós-venda, o comercial entrar em ação e agir o mais rápido possível, não deixando a "não conformidade" ganhar proporções indevidas, e o(s) profissional (is) da qualidade deverá tomar decisões

MMM´s

devidamente documentadas e de ação imediata com o conhecimento do cliente, exemplo;

Usar como está (uses as it´s) ☐

Sucatear (scrap) ☐

Retrabalhar (rework) ☐

Reparar (repair it) ☐

Devolução de material envolvido na fabricação para nosso fornecedor (return to supplier) ☐

Do exposto até aqui para as MMM´s poderíamos criar uma ata para PROPOSTAS e MELHORIAS CONTÍNUAS representado na planilha a seguir:

				MMM - MONDAY MORNING MEETING					
PARTE 1				PROPOSTAS					
DATA	N.REF.	CLIENTE	PRODUTOS	SERVIÇOS	VALORES	CHANCES	PRIORIDADE	VLR X CHANCE	AÇÕES	OBS.
PARTE 2				MELHORIAS CONTÍNUA					
DATA	FONTE	DESCRIÇÃO	O OBJETIVO A PROPOSTA	GANHOS	PRAZO P/ IMPLANTAÇÃO	PRAZO P/ CONCLUSÃO	CUSTOS	RESPONSÁVEL	OBS.

O tema melhoria contínua ou estratégias a serem implantadas estarão conectadas com a nossa estratégia macro que descrevemos em todo o texto.

Talvez, você opte por não abordar esse tema toda segunda-feira, uma vez que ele é de maturação lenta, no entanto, seria interessante que ele estive ali para sabermos o que a empresa está tratando em termos estratégicos. Se todos conhecem a estratégia será mais fácil atingi-la.

A pandemia nos mostrou que planos estratégicos podem ir rapidamente para o ralo, aqueles planejamentos amarrados que fazíamos na década de 80 para 3 ou 5 anos, parece-nos pouco aplicável atualmente. Sim, algo precisa ser feito, mas não detalhado, pois o risco de erro é enorme.

O portifólio brota aqui novamente como a cereja do bolo. E, reuniões mensais que sejam, coletando inputs do time de frente irá nos ajudar a identificar qual portifólio seria mais adequado. Essas ações podem nos direcionar a nos livrarmos de estoques encalhados, alguns desinvestimentos, e calibragem da mira para produtos e serviços que possuem maiores chances de rentabilidade.

MMM´s

Há um outro item não abordado nas MMM´s que poderia fazer parte das MMM´s, trata-se dos riscos e oportunidades.

Neste caso podemos ter uma terceira parte da reunião dedicada a esse importante tema.

Tratar de riscos na produção, na qualidade, na passagem de processos de vendas para a produção é perfeitamente aceitável. Agora, tratar de riscos de o time comercial não atingir o "budget" já não é aceitável, há um tabu com relação a esse tema, vendas irá vender, depois, se não vendeu é comum encontrar um "culpado", normalmente um terceiro.

Vendas faz parte de uma engrenagem muito maior, então, o "back office", os bastidores devem funcionar para que as metas sejam atingidas. Nos bastidores encontram-se muitas pessoas, ferramentas, dados, processos etc. e a estratégia. Sem estratégia estaremos diante do amadorismo.

MMM's

MMM - Monday Morning Meeting - Dr Zero Cost

PARTE 1	MMM - MONDAY MORNING MEETING									
	PROPOSTAS									
DATA	N.REF.	CLIENTE	PRODUTOS	SERVIÇOS	VALORES	CHANCES	PRIORIDADE	VLR X CHANCE	AÇÕES	OBS.

PARTE 2	MELHORIA CONTÍNUA								
DATA	FONTE	DESCRIÇÃO	OBJETIVO	A PROPOSTA	GANHOS	PRAZO P/ IMPLANTAÇÃO	PRAZO P/ CONCLUSÃO	CUSTOS	RESPONSÁVEL	OBS.

Cálculo da significância. Significância = Probabilidade vezes Severidade.

PARTE 3	RISCOS E OPORTUNIDADES								
		Probabilidade = 1,2,3,4,5	Severidade = 1,2,3,4,5	N.R.= Prob.xSev.	significância				
					N.R. = 1 a 3	Tolerável			
					N.R. = 4 a 9	Moderado			
					N.R. = 10 a 25	Intolerável			

A significância deve ser explicitada dentro das condições de contorno abaixo, assim priorizamos as ações.

		Identificação				Avaliação		Significância		Ações/Oportunidades/Análises			
Processo	Área	Objetivos do processo	Descrição do Risco	Sugestão p/ melhoria	Impacto/ Efeito	Probabilidade	Severidade	Nível do Risco	Significância	Procedimento e Instrução Da Área	Indicadores	Treinamentos	Plano de Contingência/ Oportunidade	ANÁLISE DE RISCO RESIDUAL (APÓS AÇÕES)
Vendas	Comercial	Venda de produtos e serviços fornecidos pela empresa	Preenchimento de pedido com código de um produto ou serviço incorreto		Produção incorreta / envio de material não conforme / serviço executado erroneamente					cada depto deve ter sua própria instrução.	Formulários de reclamação de clientes.	Reciclagem do time de vendas & garantia procedimento	Formulário de Reclamação e garantia de clientes.	Orientações segundo o Formulário de Reclamação e garantia de clientes.
Vendas	Comercial	Venda de produtos e serviços fornecidos pela empresa	Preenchimento incorreto do cadastro do cliente		Envio do material para endereço incorreto do cliente					cada depto deve ter sua própria instrução.	Formulários de reclamação e garantia de clientes.	Reciclagem do time & Procedimento		enviar material para endereço correto.
Vendas	Comercial	Venda de produtos e serviços fornecidos pela empresa	Portfolio inadequado		Desconhecimento dos produtos pelos clientes					Completar Portfolio de produtos segundo necessidade do mercado	Pesquisa de clientes	Reciclar vendedores		Consultar Experts

MMM - MONDAY MORNING MEETING

PARTE 1 - PROPOSTAS

DATA	N.REF.	CLIENTE	PRODUTOS	SERVIÇOS	VALORES	CHANCES	PRIORIDADE	VLR X CHANCE	AÇÕES	OBS.

PARTE 2 - MELHORIA CONTÍNUA

DATA	FONTE	DESCRIÇÃO	O OBJETIVO	A PROPOSTA	GANHOS	PRAZO P/ IMPLANTAÇÃO	PRAZO P/ CONCLUSÃO	CUSTOS	RESPONSÁVEL	OBS.

PARTE 3 - RISCOS E OPORTUNIDADES

Probabilidade = 1,2,3,4,5 Severidade = 1,2,3,4,5 N.R. = Prob.xSev.

significância:
- N.R. = 1 a 3 Tolerável
- N.R. = 4 a 9 Moderado
- N.R. = 10 a 25 Intolerável

Identificação					Avaliação			Significância	Ações / Oportunidades / Análises				ANÁLISE DE RISCO RESIDUAL (APÓS AÇÕES)
Processo	Área	Objetivos do processo	Descrição do Risco	sugestão p/ melhoria	Impacto / Efeito	Probabilidade	Severidade	Nível do Risco	Significância	Procedimento e Instrução Da Área	Indicadores	Treinamentos	Plano de Contingência/ Oportunidade	
Vendas	Comercial	Venda de produtos e serviços fornecidos pela empresa	Preenchimento de pedido com código incorreto de um produto ou serviço		, Produção incorreta / envio de material não conforme / serviço executado erroneamente					cada depto deve ter sua própria instrução.	Formulários de reclamação e lime de vendas & clientes,	Reciclagem do time & procedimentos	Orientações segundo o Formulário de Reclamação e garantia de clientes.	
Vendas	Comercial	Venda de produtos e serviços fornecidos pela empresa	Preenchimento incorreto do cadastro do cliente		Envio de material para endereço incorreto do cliente					cada depto deve ter sua própria instrução.	Formulários de reclamação e garantia de clientes.	Reciclagem do time & Procedimento	enviar material para endereço correto.	
Vendas	Comercial	Venda de produtos e serviços fornecidos pela empresa	Portfolio inadequado		Desconhecimento dos produtos pelos clientes					Completar Portfolio de produtos segundo necessidade do mercado	Pesquisa de clientes	Reciclar vendedores	Consultor Experts	

Algo que podemos analisar: Qual o risco conectado à vendas?

1. Escolhemos os mercados adequados para nossos produtos?
2. Escolhemos os Estados e Municípios adequados para nossos produtos?
3. Qual o risco desses mercados e municípios não se reverterem em vendas projetadas segundo o nosso "budget"?
4. Podemos mudar o foco caso os resultados não estejam se confirmando?
5. Podemos cortar alguns clientes que não geram lucro?
6. É possível alugar nossos produtos em vez de vendê-lo?

Observamos que estamos analisando riscos de não performar vendas, em vez de insistir na estratégia inicial planejada.

Enfim, com base na estratégia podemos traçar planos mais arrojados o que incluirá maior problabilidade de ganhos mais robustos. É logico que as chances são pequenas, depende de onde nos encontramos, mas elas existem, são paupáveis.

Observemos os movimentos que os países asiáticos veem fazendo nas últimas décadas e os não movimentos que o Brasil optou por fazer. O Brasil parou e os países asiáticos se distanciaram criando novos mercados e uma condição de vida mehorada para sua popaulação.

Ficar parado é mais comodo do que se mexer. E, se eles chegaram lá há boas chances de se manterem lá, essa análise podemos extrapolar para as empresas.

CLIENTOLOGIA

 https://drzerocost.com.br/

 drzerocost@gmail.com

ISBN: 978-65-00-06781-1

Muito Obrigado

www.ingramcontent.com/pod-product-compliance
Lightning Source LLC
Chambersburg PA
CBHW050048230526
45470CB00004B/1448